高职英语教学模式改革研究

孙铭阳◎著

吉林出版集团股份有限公司
全国百佳图书出版单位

图书在版编目（CIP）数据

高职英语教学模式改革研究 / 孙铭阳著. -- 长春：吉林出版集团股份有限公司，2021.12

ISBN 978-7-5731-0262-1

Ⅰ. ①高… Ⅱ. ①孙… Ⅲ. ①英语－教学模式－教学改革－高等职业教育 Ⅳ. ①H319.3

中国版本图书馆 CIP 数据核字(2022)第 017903 号

高职英语教学模式改革研究

GAO ZHI YING YU JIAO XUE MO SHI GAI GE YAN JIU

著　　者：孙铭阳　　　　责任编辑：郭玉婷
出版策划：齐　郁

出　　版：吉林出版集团股份有限公司
（长春市福祉大路 5788 号，邮政编码：130118）
发　　行：吉林出版集团译文图书经营有限公司
（http://shop34896900.taobao.com）
电　　话：总编办 0431-81629909　　营销部 0431-81629880/81629881
印　　刷：天津和萱印刷有限公司

开　　本：787mm×1092mm　　1/16
印　　张：12.125
字　　数：218 千字
版　　次：2022 年 7 月第 1 版
印　　次：2022 年 7 月第 1 次印刷
书　　号：ISBN 978-7-5731-0262-1
定　　价：78.00 元

前言

随着计算机网络技术的飞速发展，现代化的科学技术特别是教学技术也日渐革新和普及，这些都极大地推动了人们思想观念的转变，同时也深刻地影响着高职英语教学模式的发展。传统的高职英语课堂教学模式较为单一，学生的学习兴趣往往较低，教学成效也始终难以有效提升。对此，高职英语教学模式的改革与创新可谓势在必行。

全书共六章。第一章为绪论，主要阐述了高职英语教学的对象、高职英语教学的目标、英语教学改革的背景、英语教学模式的内涵、英语教学模式改革的意义；第二章为高职英语教学模式改革的现状分析，主要阐述了高职英语教学模式改革研究现状和高职英语教学模式改革发展现状；第三章为高职英语教学模式改革的理论基础，主要阐述了建构主义理论、情境认知理论、人本主义学习理论、教学系统设计理论；第四章为高职英语教学模式改革的具体内容，主要阐述了高职英语词汇教学模式的改革、高职英语阅读教学模式的改革、高职英语语法教学模式的改革、高职英语听力教学模式的改革、高职英语口语教学模式的改革、高职英语写作教学模式的改革、高职英语翻译教学模式的改革；第五章为跨文化视角下的高职英语教学模式探讨，主要阐述了跨文化交际与高职英语教学、高职英语跨文化教学模式的构建、高职英语跨文化交际能力的培养；第六章为职业能力培养视角下的高职英语教学模式改革策略，主要阐述了重立高职英语教学目标、重构高职英语教学模式、变革高职英语教学方法、转变高职英语教学评价、调适高职英语教师角色。

为了确保研究内容的丰富性和多样性，在写作过程中参考了大量理论与研究文献，在此向涉及的专家和学者表示衷心的感谢。

最后，限于笔者水平，加之时间仓促，本书难免存在一些疏漏，在此，恳请同行专家和读者朋友批评指正！

孙铭阳

2021 年 7 月

目　录

第一章　绪论

高职教育在高等教育中的地位日益突出，已成为我国高等教育必不可少的一个重要组成部分，高职英语教学模式的改革与创新对提高高职英语教学具有十分积极的作用。本章分为高职英语教学的对象、高职英语教学的目标、英语教学改革的背景、英语教学模式的内涵、英语教学模式改革的意义五个部分。主要内容包括：高职英语教学的对象为教师和学生，高职英语教学的目标是明确文化定位和培养学生语言能力，英语教学改革的时代背景、国家政策背景等，英语教学模式的内涵，国内外英语教学模式的研究及英语教学模式类型等。

第一节　高职英语教学的对象

一、教师

作为教学的主导，教师在高职英语教学中的作用不容低估。教师的理论素养、专业水平、教学能力、工作态度等无不影响英语教学质量的提高。教师要为学生提供知识服务、信息服务、技术服务、答疑解惑服务等，这要求教师不仅要有扎实的语言功底，而且还要有娴熟的计算机操作能力，教师既是学生学习的指导者、监督者、研究者，又是教学软件开发的参与者和学习活动的协调者。为了保证学时的充分参与和自主学习，教师在学生的学习过程中，要为学生提供各种信息资源，确定所需资源的种类和每种资源在学习过程中所起的作用。这不仅要求教师对各类资料进行分析研究、过滤精选、归纳整合，而且要求教师对学生的知识结构、学习动机、学习风格等，做好充分的“研究”。教学中，教师要引导帮助学生确定适当的学习目标，并为达到目标明确最佳学习途径和方法，指导学生高效地学习，掌握学习策略，培养学生自我调节、自我监控等能力，形成良好的学习习惯，避免学生迷失在信息的海洋中。

教师要随时关注学生的需求，及时解答有关问题，做好学生学习的向导，让学生在教学要求的范围内进行自主学习。同时，教师也要根据教学大纲、教学要求和学生个体差异善于将现代信息技术和课堂教学整合起来，配合课件及信息技术人员为学生设计出基于情景、体现个性、形式多样的学习任务，以开发学生的发散性思维、培养学生探究式的学习方法，来充分调动学生的学习积极性，促使其高效学习。教师作为协作者，在组织协作学习，建立良好、和谐的师生关系，监督学生间和师生间的交互等方面都发挥着重要的促进作用。

二、学生

（一）学生群体特征

1. 学生是素质全面发展的完整的人

学生的特殊性表现在其是不断接受他人教育的群体。无论是处在人生的哪一阶段，一旦成为学生（受教育对象），那么在家庭、学校和社会当中，就要不断吸收各种有用的知识，使自己不断成长。只有这样才能使学生的素质得到全面的发展，最终成为完整的人。

2. 学生是有“目的”的人

学生都有其需求的东西。所谓“学”，是指要学习的东西，学生学习知识都是有目的的，包括生存、学识、爱好等。在不同的年龄阶段，学生的目的也各不相同，但是唯一不变的是学生的学习都是有其存在的合理意义的，所进行的教学活动都是有章可循的。同时，学生是有情感、有需要的，为了满足这些情感和需要，其必须进行学习。

3. 学生具有人的独特性

学生区别于其他群体的独特性在于其所在的环境和所要遵循的制度是特殊的。正如国家有法制，公司有规章，学生也应遵守适合其身份的纪律。学校是社会中特殊的环境构成体，在这里，学生有区别于社会人独特的一面，即其会在一个相对单纯的环境中学习各种生存和发展的知识和技能。同时，学生具有的自我能动性使学生能自我做主，努力使自己成为完整的个体。

（二）学生发展的特征

在科技日益发展的今天，“学生”的范围也在不断扩大，现在已经不再局限于用年龄来衡量学生，很多成年人为了自身更好的发展也重新返回校园接受再教育。尽管如此，学生的发展依旧有下列特点。

①作为未定型的人，具有发展的空间和潜能。学生没有任何社会经验，在个人发展上属于空白，也正因为如此，才会使学生在学习中有足够的空间去选择，在发展的程度上有足够的深度去挖掘。也正是因为学生尚未定型，才会为国家、为社会提供多样化的人才。

②作为未社会化的人，具有发展的必要。学生的日常大都在校园里，对于社会中的各种人情世故了解甚少，因而在学习中有必要对其进行正确的引导，从而使学生能够在离开校园踏上社会后有足够的能力解决各种问题，谋划自己的道路。

③作为未成熟的人，具有依赖性，需要得到成人的保护、照顾和管教。作为没有任何社会经验的群体，学生的成长环境至关重要，如果缺乏必要的保护和管理，那么作为国家建设接班人的学生会发生怎样的变化很难进行预测，因而更应该对学生进行合理的管教。

（三）学生的主体性

主体性是人的本质，是最根本的属性，发展人就是要发展人的最本质的属性，教育的基本功能就是促进人的全面发展，从这个层面上来说，教育的根本目的就是发展和培养学生的主体性。学生是教育活动的主体，但关于学生的主体性特征却存在着不同观点。

一种观点认为，学生主体性并不是主体各种特性的简单相加，而是它们发展到一定阶段的结晶，是学生“在对象性活动中表现出来的本质特征”，这些特征具有能动性、社会性、自主性、创造性。

另一种观点认为，所谓主体性，指的是作为认识主体在处理外部世界关系时的功能表现。教学认识的主体性，一方面表现在对外部信息的能动选择上，表现出自觉性、选择性；另一方面也表现在对外部信息的内部加工上，受学生原有认知结构、经验、思维方法、情感、意志、性格等的制约，表现出独立性、创造性。也有学者提出，人的主体性是由人的现实性、有效性、能动性、创造性和自主性构成的；还有学者提出主体性的特征是整体性、自主性、能动性、创造性、独特性和发展性等。这些研究都有自身存在的特点，对于人们拓展思路，促进学生主体性问题的思考有着重要意义。

（四）学生的主体性教育

1. 突出学生在课堂活动中的主体地位

教师的正确引导对学生主体性的发挥有着至关重要的作用。教师必须正确认识、认同学生在课堂学习中的主体地位，把学生看作课堂的主导，最终确立学生的主体性地位。在学习过程中通过启发、点拨、设疑、解惑等方式，引导全体学生参与，使传统的“一言堂”转变为如今的“群言堂”，引导学生参与学习的全过程。在培养学生的主体性学习方面，教师应做到：凡是学生能独立解决的绝不代替，凡是学生能独立发现的绝不提示，凡是学生力所能及的，都由学生自己凭能力解决，以此发挥和发展学生学习的主体性，使学生的智力和创造力在自主参与学习的过程中得到发展和提高。

2. 倡导师生平等和谐的课堂气氛

倡导师生平等和谐的课堂气氛，有利于真正地实现民主教学和民主课堂，这是培养学生主体性的重要客观条件。在课堂教学中，教师要积极引导学生思考，鼓励学生表达自己的想法。

师生间的民主讨论可以使学生获得新知识、新观点。教师要摒弃“满堂灌”的传统教学模式，给学生独立的思考时间和空间，充分调动学生的主体能动性。同时，教师对不同水平的学生要一视同仁，同时还要做到“因人而异”，对待学习困难的学生，要学会针对其不足之处提出相应的学习建议，多一份关爱，少一些批评。还要鼓励学生之间平等互助，帮扶学习，不要让后进生产生自卑感，这样才能使师生关系和谐，生生关系和睦，学生更积极主动地参与学习。

3. 为学生主动参与教学活动提供机会

设置认知冲突是提高学生课堂参与度的重要环节。学生的参与欲望是一个十分重要的因素，教师应正确运用这一因素，在教学活动中引导学生参与课堂活动，同时要发现学生的认知冲突，这是学生学习动机的源泉，是学生学习欲望提高的不竭动力，能够推动学生积极参与思维学习。

所以，教师在教学中要不断设置认知冲突，激发学生的参与欲望。运用实验探究法充分发挥学生的主体作用。在实验探究教学中，教师要明确学生原有的知识基础，对预期学习目标有明确认识。充分发挥自己的思维想象进行方案设计，通过实验检验，对设计方案进行初步定位。同时，学生在实验中遇到的不同现象和问题，教师应主动设计问题、分析环境，让学生参与到问题分析、解决和讨论中，将传统的教师讲解学习方式转向互助合作的学习方式，使学生主动参与学习。

三、高职英语教学对象反思

（一）学习对象的反思

许多学者认为，学习对象是带有教学目的的数字化信息单位。学习对象蕴含的原理主要是运用搭建“积木”的方法：每一个学习对象都可以与其他学习对象进行重组，这和乐高积木的搭建有些相似，因此被称为“乐高法”。威利对学习对象和乐高法的属性做了三项类比：其一，不同尺寸、颜色和形状的乐高积木之间可以重组；其二，乐高积木能够以任何所需的方式重组；其三，重组乐高积木非常简单，因此任何人都可以搭建出新花样。这个比喻说明学习对象具有灵活便利地创建新结构的潜能。

值得注意的是，目前的标准研发已经把重点都集中在了学习“内容”上，特别是在以下三个方面。

第一，规定了不同的学习对象的连接结构，即学习对象是如何组合或重组的。

第二，规定了学习对象和数字化学习系统的传播结构，即内容管理系统或传递系统是如何使用学习对象的。

第三，规定了学习对象的元数据字段，即学习对象是如何被具有标签意义的“标签”标识的。教育问题很难做到在结构、传播和元数据处理方式等方面都实现标准化，通常是因为要求建立的标准做到“教育中立”。

然而，即使是中立途径，也应该保证用互操作性和可移植性的方式来提供实施各种各样教学方法的机会。首次尝试提供各式各样教学方法的机会，是通过“教育建模语言”来描述学习对象的通用教学结构，这为“IMS 全球学习协会”的教学设计人员提供了输入方式。然而，IMS-LD 依然保持着教育中立，它以标准化的方式提供实施教学方法的各种可能性。

因此，学习对象主要是以灵活的方式，通过技术构造积木块来创建更大的结构，当然还涉及能使学习对象组合或重组的技术结构的界定和标准化问题，对非专业人员来说，其实很难确定学习内容标准化的程度是否恰当。因为标准实在太复杂，以至于只有专家才可以胜任，而且几乎没有可靠的检测方式。通常，学习对象不同方面的不同标准间的相互关系也是不明确的，更重要的是，缺乏学习对象的教育问题依然存在。

（二）研究对象的反思

在《教育之基本原理》中，著名心理学家兼教育家桑代克（Thorndike）指出："教育学研究人类各个人及其全部世界的相互作用，教育学必须研究人类本身及世界的任何方面的改变，因为教育学须能供给有效的意见，使人们知道改变人们本性以适应新的环境的可能性与合理性"。

教育的基本要素包括教育者与受教育者，这两个要素都涉及人，教育属于一种高级的社会活动，是只有人才能实行和参与的，这就决定了教育学研究的对象中必然有人这一要素。但研究对象中包括"人"这一要素的学科同样有很多，使教育学无法真正区分于其他学科，这也会使教育学独立的学科地位受到影响。

（三）教育现象的反思

在对大量相关文献资料研读的基础上，发现将教育学的研究对象确定为"教育现象"曾是一个主流的趋势，居于主导地位。《辞海·教育心理分册》对教育学的定义就是："教育学是研究教育现象，解释教育规律的学科。"华东师范学校金一鸣教授在《教育原理》一书中将教育学的研究对象定义为教育现象，把教育学的研究任务定义为把握教育的规律，其目的是指导教育实践。安徽师范大学刘伟芳老师在对教育研究对象做出大量历史性考察研究的基础上，提出"能够被反映为有价值的教育一般问题的教育现象乃是教育学（或更确切地称为教育学原理）的研究对象"。

然而，将教育学的研究对象定义为"教育现象"显得过于概括，人们往往无法真正了解究竟什么才是教育现象。从方法论的角度来看，将教育学的研究对象归结为"教育现象"无不妥之处。但如今学者对有关教育现象的理解和定义还远不够细致和规范，对其的研究程度也不够深入。若教育学将其作为研究对象，便很难在此基础上构建科学的理论体系。此外，教育学的研究对象也并非能把所有的教育现象都囊括在内，教育现象属于客观存在，它本质上是一种社会现象，而人们在教育实践中还没有意识到它的存在时，我们很难将其定义为教育现象。即使意识到教育现象的存在，研究者对其没有研究兴趣，它也不可能成为教育学的研究对象。

（四）教育问题的反思

日本学者村井实在《教育学的理论问题》一书中，曾对教育学的对象进行了较全面和系统的分析，得出了教育学的对象是“教育问题”的结论。在将“教育现象”作为研究对象产生了各种问题之后，国内学者也开始将教育学的研究对象转移到“教育问题”上来。

例如，陈桂生在《教育学研究对象辨》中就如此说道：“如果要对‘教育学的研究对象’问题有一个一般的回答，还是以采用‘教育问题’的表述最为恰当。”所以，将“教育问题”设为教育学的研究对象，是在“教育现象”观点基础上的又一次发展。

杜时忠先生认为：“教育问题才是教育学的研究对象。理由是科学研究并不始于现象、事实或存在，而是始于问题。”把教育问题作为教育研究对象的学者认为，教育学要研究教育的基本问题，即最一般的问题，这些问题可以分为七个方面：什么是教育（教育本质）、为什么教育（教育目的）、谁来教育（教育者）、教育谁（受教育者）、教育内容、用什么方法教育（教育方法）、用什么形式来教育（教育组织形式）。这七个基本问题构成了教育，但这种观点只是简单地将教育的七个基本构成要素罗列了出来，并没有表现或继续探讨它们之间的关系，没有相关联系的孤立要素是根本不存在的。

所以，从思维方法上来看，将教育学的研究对象确立为“教育问题”还停留于对象性思维上，只是把复杂的教育现象分割成单一的构成要素，将这些构成要素简单相加得出了教育学的研究对象。除此以外，关于“问题”的定义也是多重的，这也容易造成歧义。所以，将“教育问题”作为研究对象其表述还不够全面、清晰，容易引起争议。

（五）教育事实的反思

在教育学史上，教育学的研究对象曾被定义为“教育事实”，它产生于德国的“描述教育学”派，法国实证主义学派也曾主张该观点。例如：菲舍尔采取实证与现象学方法，从客观的角度对教育事实加以研究和说明，尝试在经验的基础上确立严谨而科学的教育学体系；洛赫纳在《德国的教育科学》一书中进一步发展了描述性教育学思想，舍弃了其中规范性的成分，而发展纯认识的价值中立的教育科学。他指出，只有对教育事实做了纯真而充分的描述，才能确切把握“教育是什么”。

从上述观点中不难发现，将“教育事实”作为教育学的研究对象在一定程度上促使教育学朝着更科学的方向发展，但如此一来并不能全面地反映教育体系，在实际的教育活动中，所涉及的问题不仅是事实方面的，还包括价值、规范类等层面的问题。在教育实践中不可能做到绝对的情感中立，因此在研究方法上也就不能只依靠描述和实证实验的量的研究，还需定性的、质的研究。

第二节　高职英语教学的目标

一、明确文化定位

高职英语教学，需要明确母语文化和目的语文化的定位。中华文化是世界文化中的珍宝，在人类文明中占据着重要的地位。高职英语教学在内容的安排上也应该以中华文化为基础。在跨文化交际过程中，交际者不了解自身母语文化是无法进行长久交谈的。可以说，母语文化是进行跨文化交际的根本。但是，在具体高职英语教学中进行中国本土文化的教学似乎有点本末倒置，鉴于教师可以通过母语文化英译、文化对比等内容展开母语文化的学习，因此也能在一定程度上提升学生的文化对比能力。

英语是许多国家的官方语言，并已成为全球性的国际通用语言。随着英语使用范围的扩大，其在交际中的传播与媒介作用也愈加凸显。鉴于此，高职英语教学必须紧跟时代发展的步伐，扩展具体高职英语教学的内容。对于相关英语国家文化的教学是高职英语教学的重要内容，需要培养学生的文化身份意识，定位自身的文化属性。

只有了解了英语国家文化，学生才能更加深刻地理解英语教学的意义。从这个意义上说，高职英语教学在文化传承上也有着重要的媒介作用，需要学生在认识本国文化的基础上，积极吸收不同国家文化的精华，从而为日后的跨文化交际打下良好的基础。

二、培养学生语言能力

高职英语教学在培养人才的过程中还需要注重对学生语言能力的培养。具体来说，高职英语教学需要让学生具备以下三个层次的能力。

（一）使用英语表述母语文化的能力

高职英语教学的人才培养的第一层次是使学生能够使用英语对自身母语文化进行表述。

中国文化在国际上的传播需要提升本国文化的发言数量与质量。在国际舞台上，交际者能够使用英语对母语文化进行阐释和表述便增加了文化的传播性与宣传性。这种母语文化的表述也在一定程度上提升了我国的文化软实力。

（二）深刻理解英语文化的深层内核

高职英语教学的人才培养的第二层次是使学生了解目的语文化的深层内核。这种对目的语文化的了解需要学生具备一定的目的语文化理解能力，在交际中能够有意识地减少或避免文化交流障碍。

（三）成为跨文化交际的具体参与者

高职英语教学的人才培养的第三层次是使学生成为跨文化交际的具体参与者，从而能够以客观的态度审视目的语文化和母语文化。在交际中做到不卑不亢，争取自己的话语权。这种文化态度带有“旁观性”，能够提升交际者对文化的审视能力，既能了解目的语文化中的优秀部分，也能以客观的态度分析本国文化。

哈佛高职前校长德雷克·博克（Derek Bok）指出：“教会学生如何在多元社会中生活，是高职义不容辞的责任。”高职英语教学应该明确自身的桥梁意识，培养具有文化批判力与创造力的英语人才。

第三节 英语教学改革的背景

一、时代发展背景

近年来，随着国家经济水平及世界地位的提高，社会对英语学习的要求似乎没有以前那么严格了，甚至在高考中，英语的地位也发生了翻天覆地的变化。从 2017 年开始，高考英语采取社会化考试形式，一年考两次，成绩三年内有效，按照最好成绩计入高考成绩。这就意味着如果高一可以考取最好成绩，那么就可以省下时间学习别的科目。因此，英语学习不再重要的言论越来越多。这不仅影响到中学的英语教学，国内的高职英语教学也因此遭遇了前所未有的、巨大的危机。

在这样的背景下，有些高职院校已经大量压缩公共英语的课时，而有些高职院校已经取消了或是正在考虑取消高职英语的教学。但是，随着我国高等职业教育的发展和教育体系的完善，高职学生的综合素质越来越受到社会的广泛关注，高职英语教学在培养学生的素质方面所起的作用是其他任何专业课程都无法取代的。同时在经济全球化的大背景下，英语仍旧是世界的通用语言，很多行业都要求从业人员不仅具备专业知识，更要掌握一定的英语运用能力，而且很多企业也把英语水平看作学生最重要的素质之一。而高职英语的学习是培养学生全面发展和可持续发展的需要。同时高职英语的学习也有助于学生专业知识的掌握。所以，不能取消高职英语教学，而是应该对高职英语进行有效的改革，让学生学习到更加符合未来职业发展的、应用型的英语，使学生更适应社会发展的需要，因此高职英语的教学应该培养学以致用的英语应用型人才。

（一）信息化的时代要求

当今社会已经步入信息时代，现代信息技术已经渗透人们的生活、工作和学习中。信息化时代的到来从客观上也要求教育必须随之改革，以适应社会对人才培养的需求。20 世纪 90 年代中期以来，信息技术的快速发展和广泛应用引发了高职信息化变革的浪潮。在教育信息化改革背景下，无论是教育学家还是普通一线教师都对信息技术教育的应用问题表现出极大的关注与重视。目前，信息技术与高职英语教学的整合是提升教育质量、培养高职生英语素养的重要途径之一。

在信息化时代下，高职英语教育必须进行改革，以培养出适应时代要求的综合型英语人才。具体来说，信息化时代下的高职英语教学有着重要的意义。

信息技术与高职英语教学的整合可以打破空间与时间的限制，具有开放、灵活的鲜明特征，任何人可以在任何地点、任何时间利用网络来学习。信息技术应用于高职英语教学的意义主要体现在以下几个方面。

1．营造良好的教育环境

良好的语言教育环境对于英语教学质量的提高具有十分重要的意义。具体来说，标准的语音和语调的输入、开放且丰富的语言知识、必要的对话与练习机会及教师的帮助与指导等都属于语言环境的范畴。将信息技术与英语教学有机结合，有利于营造良好的教育环境，这主要表现在以下几个方面。

第一，信息技术与英语教学的结合有利于调动学生的听觉、视觉等多种感官，从而使他们更加投入地参与到英语学习中，并逐渐培养出他们的英语思维模式，从而帮助他们摆脱先将英语翻译成汉语再进行理解的不良习惯。

第二，信息技术与英语教学的结合可使学生接触到大量真实、地道的有声资料，有利于帮助学生增加语言积累、了解文化背景、熟悉交际技巧、提升听说能力，进而提高对语言进行综合运用的能力。

第三，信息技术与英语教学的结合丰富了教育手段，使英语教学从过去单一、传统的模式中摆脱出来，变得更加活泼、生动、形象，从而更好地调动学生的注意力、积极性与自信心，有利于培养学生的想象力与观察力。

第四，根据情境教学法，语言学习如果能在与现实情境相类似的环境中进行，则更容易达到令人满意的效果。信息技术与英语教学的结合可以创设与真实场景十分接近的语言情境，为学生进行知识同化创造了条件。

2．创造新型师生关系

在不同的教育模式下，师生之间的关系也不尽相同。在过去的很长一段时间里，我国的英语教学沿袭了传统模式，教师是英语教学的主宰者，学生是被动的接受者，而课本只是师生之间的媒介。教师通过对课本进行分析与讲解，将知识传授给学生。科技的发展使计算机逐渐参与到英语教学中，并成为英语教学的有益补充。在计算机辅助教学的模式下，并未对师生关系带来实质上的改变，计算机的应用只是为教师提供了一种新型的讲解或演示手段，使教育效果得到一定程度的增强。但是，信息技术与英语教学的结合，即计算机与教学内容的结合，使师生关系发生了根本性的变化。

在基于信息技术的英语教学模式下，教师、学生、计算机与教学内容是四项基本要素，它们之间存在着相互依存、相互作用、相互关联的内在联系，因而并不是单向的。教师不再是课堂的主宰者，学生则由被动的接受者成为知识的积极构建者，一种合理、和谐、全新的师生关系产生了。

3. 提高自主学习能力

在传统的课堂英语教学中，处于被动地位的学生很少有机会积极参与教学互动。课堂上的大部分时间主要用来灌输语言知识，这就很难将学生的积极性调动起来，学生语言能力的发展也会遇到很多困难。

但是，如果由学生来掌握学习的主动权，并按照自己的意愿来查找学习资料，其弊端也是显而易见的，这既会使他们离正确的学习方向渐行渐远，也会带来费时且低效的结果，因而也是不现实的。

学生是具有独立思考能力的个体，是知识意义的积极建构者。以信息技术教育为媒介，学生不仅可以摆脱时空的客观限制，根据自己的安排来选择合适的时间、地点进行学习，还可凭借电脑来组织、参与相关的学习活动，从而在教师指导与自我规划的基础上展开自主学习。这样一来，教师不再是唯一的知识传授者与信息提供者，学生在教师指导下进行的自主学习也不会偏离正确的方向。

4. 提供海量学习资源

在我国英语教学实践中，语法翻译法曾长期占据主导地位。受其影响，文学著作成为主要的学习资源，学生虽然学到了规范、地道的语言知识，但是日常交际能力没能得到提高。通过信息技术不仅可以得到大量文学语言资料，还能接触到很多日常生活用语，其数量之大、语言之生动都远远超过了传统的英语教科书里的内容。需要特别说明的是，网络信息资源的更新速度很快，这样有利于及时了解一些新出现的词汇与表达方式，从而大大提高语言的实用性。此外，网络能够帮助学生一边掌握语言技能，一边补充文化背景知识，深化对语言内涵的理解，提高文化素养。总之，信息技术与英语教学的结合可提供海量学习资源，极大地满足学生的求知欲。可见，信息技术为英语教学提供了远远超出教材范围的大量资源，学生可由此进行主动的、有意义的知识构建。

5. 搭建丰富的开放性平台

信息技术为英语教学搭建了丰富的开放性平台，使师生之间的交流效率与质量都有了非常明显的提升，具体表现在以下两个方面。

第一，电子邮件、QQ（聊天软件）、微信等成为师生之间沟通、讨论的主要方式，这样的方式避免了面对面交流带给学生的紧张感，从而增进了教师与学生之间的情感交流。此外，由于这些交流方式操作简便，也在无形之中增加了师生的交流频率。

第二，教师为学生安排任务、布置作业、设置目标时，可采取通知板的形式。学生向教师提问、上传作业及与同学沟通任务完成情况时，都可以通过论坛来完成。

（二）全球化的时代要求

全球化已经成为一个不可逆转的趋势，它起源于经济领域，因此定义全球化为经济全球化，但是随着国家之间交流的日益紧密，全球化并不局限于经济这一个领域，还会涉及文化与社会等领域。如今文化全球化已经成为人们广泛关注的一个领域，其在不断迅猛发展的同时，对教育也产生了巨大影响。

英语从一个小的语种发展为国际性的通用语言，经历了一个全球化的过程。英语的全球化进程随着经济全球化的发展而发展。全球化时代下，英语在国家政治、经济、文化交流中的地位和作用将会越来越重要，这就决定了非英语国家的英语教学必须要随着全球化发展而发展。

另外，我国传统的高职英语教学模式的工具性和功利性太强，这导致高职英语教学效果不佳、高职生英语能力欠缺等问题。因此，高职英语教学的改革必须具有全球化视野，按照跨文化教育理念和学习国际性交流语言、加强传统文化教育等实施，推进高职英语教学改革，从而确保高职英语教学改革取得良好效果。这也是当前高职英语教学所面临的巨大挑战。

二、国家政策背景

国务院于 2014 年正式颁行《关于加快发展现代职业教育的决定》，为全面部署加快发展现代职业教育做出了相关规定。既往传统高职教育囿于狭隘的教学模式，学生在现今社会竞争中普遍陷入缺乏核心竞争力的困境，不能成为适应现代社会所需的技能型人才，是高职教育的局限。我国于2014年颁行《现代职业教育体系建设规划（2014—2020年）》，针对我国教育中处于基础性地位之一的职业教育进行了基于就业的导向规划，并针对高职教育旨在培养我国中高级技术人员的教学主旨进行了界定与说明；《关于加快发展现代职业教育的决定》针对课程教学内容进行了细化规约，要求其实现专业设定与产业需求对接、课程安排内容与实际职业标准对接、教学过程与生产过程对接 \ 毕业证书与职业资格证书对接，以实现提高就业率的目标。随着英语职业需求量的不断增大，英语素质成为衡量人才的重要标准之一，高职教学中突出对英语的重视，成为高职教育改革的侧重点。

三、市场及行业发展背景

随着经济全球化的快速发展，市场及行业发展对人才培养的要求越来越高，不仅要求人才具有较高的专业性技能，而且要求人才具有较强的沟通交流能力，而英语作为当今应用最广泛的语言之一，其对高素质英语人才的需求不断提升。高职作为我国应用型人才教育机构的重要组成部分，也成为我国英语教学的重要阵地，对专业型技能人才的培养起着至关重要的作用。并且随着目前就业形势的日趋严峻，高职教育应该以就业为导向，对高职英语教学模式进行改革，培养符合市场及行业发展需求的专业型技能人才。

四、高职教育改革背景

高职教育在目前的教育领域中占据的比例越来越大，成为当前我国高等教育系统中的不可忽视的一部分。高职教育的迅猛发展加速了高等教育向社会化方向的转变，能够为社会提供更多的实践型人才。高职教育历经二十多年的快速发展，已经是区别于通常意义上的高等教育和中等职业教育的独具特色的教育模式。

1995年以来，高职教育的人才就业形势一直处于下降状态。，中的影响因素有很多，首先各行各业的人才需求不平衡就是影响因素之一；其次，该教育模式本身的特色不足，教学结构缺乏科学性，培养出的人才与社会需求不对接；最后，高等职业教育的教育水平不高，学生的知识水平、技术水平、综合素质、择业技巧都很一般，增加了就业的困难。社会公认，职业教育的教育目的就是培养学生掌握一门职业技能，从而更好地适应企业实践工作，满足社会需求和自我需求，这也是现在高等职业教育的发展方向。怎样处理该难题，不仅需要政府的宏观调控，也需要教育机构的优化调整，还需要与人才市场需求相接轨，培养高质量的技术人才，提高社会、企业对人才的认可度，从而顺应时代需求，建立招生、教育、就业一条龙的教育模式。

由于我国经济快速发展与国际化进程的进一步加快，各个行业的人才都需要实现对专业知识的综合运用和英语的职业应用。随着我国的经济体制改革和市场开放度的不断放宽，尤其是加入 WTO 后，我国对人才需求结构也发生了巨大变革，具有高水平的英语和其他外语能力的人才在市场上供不应求。所以，为了满足市场对人才的需求，高等职业教育不仅需要转变发展理念，提升高职学生的职业素养，还要注重提升学生的英语水平和实际交流中的英语应用能力，积极开发英语公共课程或者开展各种形式的英语交流活动，从而培养出高素质的英语人才。

五、高职英语教学面临挑战

英语教学作为高等职业教育中重要的基础课程，具有三个特点：应用能力、实践能力、适应能力。高等教育普遍由培养精英人才转向培养大众人才。而高等职业教育的学生英语功底薄弱，口语能力更是差异很大。在高等职业教育机构中将英语列为一项必修的公共课程，将有利于职业教学与社会接轨，与国际接轨，通过加强专业英语领域的职业素养和职业能力的培养来促进高职学生英语知识的综合运用能力和创新能力等，有利于完善学生综合素质的教育，开拓新的学习领域。

高等职业教育机构的英语教学方式只是对通常意义上的高等教育或者中等职业教育机构的模仿，而不是根据专业和社会需求的实际来定，不能满足用人单位对人才本身英语能力的招聘标准。高职英语教学模式主要是采用课堂的单方教授，注重理论而轻视实践，这种模式的英语教学不仅教师教得没有动力，学生学得也十分辛苦，教学质量更是难以提高，最终造成高等职业教育的毕业生难以适应企业的实际需求。由于这种落后的、不合时宜的、不能满足社会用人机构要求的英语教学模式的弊端明显，所以社会、教育界、企业多方呼吁尽快对高职英语教学进行改革。英语教学改革的主要目的就是增强学生的英语实践应用能力，教育学生运用英语解决业务中的问题，方便开展涉外型业务活动。总而言之，高等职业英语教学是本次改革的重中之重，关系着本次教育改革能否成功，能否解决传统高职英语教学中的突出问题，从而提升其教学水平。

良好的外部形势和自身优势为高职教育带来了广阔的发展前景和空间，但这并不意味高职教育在我国已经发展得很成熟了。以高职英语教学为例，教学内容没有专业特色，教学理论研究十分薄弱，教学目的重考证、轻应用，教学方法和手段落后，考核手段单一，不注意营造良好的英语学习环境，学生基础差，学习兴趣不高，主动学习意识不强等现象严重制约了高职英语教学目标的实现，再加上高职教育以培养高级应用型人才为目标，一方面，社会渴求大量的高素质技术型人才，另一方面，高职院校的毕业生却无法完全适应社会和工作岗位的需求。这一主要矛盾在一定程度上制约了高职教育的发展。当前，许多高职院校把高职教育办成本科“压缩性”教育，在培养目标、技能培训、教学模式等方面都与普通高等教育雷同，体现不出高职教育应有的特色和优势。因此，也就缺乏了其本身应有的竞争优势。造成这种局面的原因是多方面的，既有历史原因，也有现实原因；既有外部原因，也有职业教育自身的原因。其中，教学质量直接关系到人才培养的质量。因此，提高教学质量，改革高职教学模式是当前高职教育研究的一项重要课题，而作为基础公共课部分的英语教学改革则是其中的一个重要环节。

在全球经济一体化进程加快、国际交流日益频繁的今天，英语不仅仅成为提高交流能力和加强对国外文化了解的重要手段，而且成为当代青年人的一个重要素质。在升学、就业、升职和参与社会竞争方面，英语已经成为衡量人才的一个重要尺码。毋庸置疑，英语教育在我国备受关注，而英语教学则更是引人瞩目，其重要性不言而喻，也更为突出。英语水平和应用能力的高低不仅是学生学业和事业成败的直接原因，制约其自身未来的发展，而且也是影响学校声誉、关乎学校招生和发展等方面的一个重要影响因素。

高职学生整体英语基础相对较低，英语水平参差不齐现象依然存在。传统的课堂英语教学模式不断暴露弊端，这一系列的问题都在呼吁高职院校英语教学模式的改革。在多年的高职英语教学实践中，笔者曾亲历过高职英语教学的全过程，深感高职英语教学中教师主讲、学生主听的课堂教学模式的确难以解决高职英语教学的质量，也很难达到高职英语教学的根本要求。当前，我国高职英语网络多媒体教学发展迅猛，并取得了非常好的教学效果。如果能将这一英语教学模式引入高职英语教学中，那么就能取得良好的教学效果。

近年来，随着信息技术、数字及视频技术的迅猛发展，多媒体及网络被广泛应用在各个领域，特别是教育领域，且已经成为教育技术发展的主流。在相关教学理论的指导下，网络多媒体技术在推动英语教学发展方面显示出了强大的优势和无限的生机。尽管这只是处于一个兴起和发展阶段，但我们已经看到了改革英语教学模式的曙光。

第四节　英语教学模式的内涵

一、教学模式的内涵

（一）模式含义

现代汉语词典中将“模式”定义为“某种事物的标准形式或使人可以照着做的标准式样”。英文中“模式”的对应词为model，但是英文与中文中对“模式”的阐述并不能等同化。英文中对“模式”的界定翻译后可解释为“事物存在和发展的方式：事物自身的体系与框架，事物过程中包含的一系列信息；可被学习者用来进行学习与效仿的一系列标准”。通过对比中英文中对于“模式”的界定可知，二者在范畴上或存在差异。结合国内外学者对“模式”一词进行的界定，可将模式在宏观、中观和微观三个层面进行界定。

从宏观上看，模式即为事物存在的形式和形态，任何事物均有存在的形态和方式，宏观上的“模式”摒弃了事物在细节上的存在方式，而对事物本质上的存在形式予以界定，而通过对事物发展做减法，旨在强调事物运行形式的清晰化与简洁化。

从中观上看，模式强调对事物的发展进行归纳法和演绎法的界定，对事物的发展进行类比、推理、改进与分析，明确理论逻辑体系和实践体系，使得事物具有可效仿性和可实践性，而科学实践体系的制定，使得实践的过程具有可复制性。所以说，中观上的模式实际上是一套可以效仿与不断重复的行为方式，是一种行之有效的行为路径。

从微观上看，影响事物运行结果的变量数量较为庞大，而模式即旨在通过对变量划分维度，通过对不同维度中的变量进行阐述，明确事物运行过程中各个组成部分的权重，对思想与行动的变量进行控制，最终探究事物发展的共性，微观意义上的模式实际上具有数学的量化性质和图示性质，一方面旨在明晰事物发展的流程性，另一方面明确流程中的因子所占据的量化地位，最终的落脚点是通过制定较为精密可行的实践准则，强调行动的共性。

从本质上看，“模式”实际上是一种理论的简化，一方面反映事物的本质，另一方面强调行动的共性。同时，模式也具有两个向度，一方面在于理论向度，另一方面在于实践向度，在理论向度上强调对事物发展过程进行归因，并指导实践；在行动上通过对行动进行明确的归纳和界定，明确实践具体的开展方式和方法，具有范式的意义。

综上，通过对“模式”的概念进行界定，实际上也说明了进行研究的必要性。建立一定的模式，使得以就业为导向的高职英语在理论上具有明晰性，在实践上具有可操作性，在明确英语实用性与专业英语理论内涵的同时，对其具体的行动方式予以界定，这是探讨以就业为导向的高职英语教学模式的宗旨所在。

（二）教学模式的界定

1. 教学模式的各种界定

什么是教学模式，众说纷纭。从各种不同教学理论、教学方法、教学组织环节形态和教学手段视角来看，教学模式有多种多样的概念和界定。概括地说，主要有以下几种。

（1）教学模式是一种教学理论

有的专家主张教学模式是一种教学理论。他们认为，“教学模式是在教学实践活动中形成的一种设计和组织教学的理论，这种理论是以简化的形式表达出来的”。“模式是再现现实的一种理论性的简化的形式”。确实，教学模式是以抽象形式对教学原型的类比和简约的表达形式，因此类比和简约既是教学模式，也是教学理论的本质特征，但它不等于是一种教学理论。因为，教学模式还着重再现教学方法、组织形式、手段等主要因素及因素之间的相互联系，具有实质操作性的特征。因此，教学模式与教学理论之间存在着质的区别。诚然，教学模式有其理论性的层面，但也有其操作性的层面。它是介于教学理论和教学实践之间的中间桥梁，并不是教学理论本身。而教学理论则是用相对完整的教学原理来描述教学现象的一种理论体系。

（2）教学模式是一种教学方法

有的专家认为教学模式是一种“特殊的教学方法，运用于某些特定的教学情境”。确实，教学模式与教学方法紧密相连，但它不等于教学方法。教学方法是实现某一目标的单一的、具体的、实践操作的方法和手段。教学模式是比教学方法更高层次的概念。它是依据一定的理论构成的教学过程的程序，是包涵教学方法等因素在内的、实现教学目标和掌握教学内容的整合体。它不仅具有教学方法的操作性特点，还具有教学理论指导性的特征。

（3）教学模式是一种教学策略

美国教育家保罗·埃金认为，教学模式是“为特定教学目标而设计的具有规定性的教学策略”。当前对策略的界定也众说纷纭，也是从不同的理论、不同的视角把策略界定为方法与技巧、途径、过程和信息处理。教学策略是一种学习策略。我们可以把它界定为“能引起知识、技能、运用能力、智力、思想文化和情意因素等持久变化的、有效的活动、途径、措施和调控活动（包括内隐的心理活动和外显的行为）的结合体”，是“在学习过程中采用的总的对策、措施和方法，即学习思维活动的自控的程序”。从策略的定义看，策略是在教学过程中采用的总的对策、计划、措施、方法和思维活动的程序。它与教学方法和教学模式既有联系，又有区别。教学模式是在理论指导下构成的教学过程的程序并涵盖着教学方法、教学策略的理论与实践相结合的综合体。

（4）教学模式是一种结构

有人认为，教学模式是“某种方案经过多次实践的检验和提炼，形成相对稳定的、系统的和理论优化了的教学结构，这就是我们所说的教学模式”。教学模式简略地说是一种教学活动的结构。结构是教学模式的核心部分，但不是全部。

美国教育家乔伊斯（Joyce）、韦尔（Weil）和卡尔霍恩（calhoun）在《教学模式》（*Models of Teaching*）一书中首先提出教学模式的概念，并将教学模式定义为“试图系统地探讨教育目的、教学策略、课程设计和教材及社会和心理理论之间的相互影响的、以设法考察一系列可使教师行为模式化的各种可供选择的类型”，并提出22种教学模式。在1980年的修订版中，他们又提出，“教学模式是一种可用来设计教学材料、指导课堂或其他场合的教学计划或类型”，并提出23种教学模式。

简言之，上述定义从一个或多个视角反映了教学模式的特征。

2．教学模式的界定

综合上述，通过对教学模式特征的分析和根据长期教学实践的积累，我们可以把教学模式界定为：教学模式是用简要的语言、符号或图表等方式表达、反映特定的教学理论，并根据特定的教学目标而设计的、比较稳固的各类教学活动顺序结构的程序及其教学策略、教学方法系统的整合体。

从以上教学模式的概念我们可以看出，教学模式一方面是实施一种教学理论，反映了一种教学理论或教学原理和教学规律，规定了特定的教学目标和比较稳定的教学过程的结构、程序及必须遵循的教学原则以指导教学实践；另一方面，教学模式也是具体实施操作的策略和方法，将教学策略、方法、教学组织形式和教学手段整合成一个具体完整的操作体系，以便教师能依据比较科学的操作程序、步骤、策略、方法和手段实施教学活动。因此，教学模式是一种既具理论性，又含操作性的典型形式，是介于教学理论和教学实践之间的桥梁。它既可避免因理论高度抽象而难以理解和把握，又可防止因教学方法过于零乱、复杂、琐碎或不得要领而难以应用和实施。它既可使理论转化成具体清晰、准确、鲜明的几条原理，易于理解、把握、迁移和指导教学实践，又能使杂乱无章、琐碎无序的方式方法条理化、程序化、规律化、完整化、系统化和理论化，从而便于操作、应用和实施。

一种典型的教学模式不可能仅仅针对一个具体的知识点。一个知识点也难以构成一种教学模式来进行教学。教学模式是针对一类知识构建自身系统化的体系。因此，一个具体的知识点只有从属于某类知识时，才能以该类教学模式进行教学，如某项语法知识或语法知识中某一时态，都可以采用语法规则的教学模式进行教学。但仅仅是一个词或一个句子的个别或偶然的教学现象是难以产生或构建教学模式的。教学模式不可能在个别、偶然的教学现象中产生，而只能在一类知识或能力概括的、能揭示普遍规律的并可重复模拟标准化的教学活动中构成。作为模式是相对稳定的，但不是固定不变的。它在不同情境中是可把握、可模仿、可变动的，也是可修正和发展的，但是理论和结构体系本质上是稳定的。

教学模式要针对教学内容的不同领域、不同层次来构建，并具有理论性和可操作性。它既不能过于宏观和粗放，也不能过于微观和细化。教学模式过于宏观粗放就会缺乏针对性、操作性，使教师可望而不可即；而过于微观、细化、支离破碎，则会使教师无章可循。

（三）教学模式的特征

第一，教学模式具有层次性。教学模式具有诸多组成部分，从宏观上看，教学模式具有学科的分异和学科的界限，细化到英语教学方面，结合英语的听、说、读、写各个部分的特征，使得英语教学可以培养学生的综合能力；在中观层面看，教学模式由各个部分构成，包括基础知识、文化脉络、精神核心、操作方法和反思反馈等各个部分，通过对各部分予以分化和理解，明确学科边界和宗旨；在微观层面看，学科的层次性表现为对具体内容的细化，其中包括课程设置、考核机制、反馈机制及再学习的过程，通过明确各个学习步骤的层次性，增强学习结果。

第二，教学模式是实践的产物，有待实践的检验。对教学模式的研究，一般来讲应是定量研究，开展定量研究，才能对教学模式的具体过程及其反馈机制进行阐述，使教师在教材编写阶段、备课阶段、教案编写阶段、课程设计阶段、评价反馈阶段及新一轮课程设计阶段中明确存在的问题，明确实验组和对照组的差别。对教学模式的量化研究予以重视，旨在通过制订可行性方案提升教学的水平，促进学生学习技巧、学习方法的形成，促进知识脉络的体系性建构。

第三，一定的教学模式是一定教学理念的产物。教学模式虽然是实践的产物，但均是在理论体系的建构下进行细化的。其中，人本主义学习理念、建构主义学习理念、合作学习理念、实用主义学习理念等均为教学模式的指导思想。教学模式是对教学实践的经验性总结，将教学经验界定为一定的教学模式，其中包含有理念和实践的双重属性。

综上所述，一定的教学模式是一定理念与实践的产物，体现为理念—实践—评价—反馈—再实践—理念建构的循环。故而进行教学模式研究的过程中，应明确上述流程之间的关系，通过建构循环，明确教学模式开展的过程，通过有机协调，提升模式化教学的成果，最终提高教学的效率。

（四）教学模式的结构

不同学者对教学模式有不同的界定，但是他们在当前教学模式的结构认知上基本趋于一致，只是表述不一而已。参照李定仁关于教学模式的结构分析，将其结构分为教学思想或教学理论、教学目标、操作程序、教学条件、师生结合、教学评价六部分。这六部分是相互蕴含、相互关联的，共同构筑成一个完整的教学模式。

1. **教学思想或教学理论**

任何教学模式都是建立在一定的教学思想或教学理论基础上的。有的教学模式是在长期的实践中形成的，虽然可能一开始并没有明确的教学理论作为依据，但是对教学经验进行研究、分析和概括时，总是会需要一定的指导思想。

2. **教学目标**

教学模式往往都会指向一定的教学目标，是为达到或者实现某些特定教学目标而制定和设计的。例如，自主学习模式的目标在于帮助学习者改变脑力劳动的片面性，以学生作为学习的主体，通过学生独立地分析、探索、实践、质疑、创造等方法来实现学习目标，逐步培养学习者的自主学习能力。

3. **教学结构**

教学结构是教学模式各因素的联系方式，是各因素主要变量的互相联系和作用、是排列组合的比较稳固的结构。依据教学理论和教学目标，凭借信息论、控制论、系统论等的理论指导，教学结构可分解成彼此独立而又前后衔接、相互联系的阶段和具体操作的程序和步骤。操作程序是根据教学活动开展的逻辑步骤、实践序列展开的。不同的教学结构，其操作程序也不同。因此，操作程序是教学结构得以存在的重要条件。

4. **教学条件**

教学条件是指根据一定的教学目标，使教学模式产生效果的各种条件。不管是何种教学模式，其都有一定的限制条件。只有在这些限制条件下，教学模式才能发挥效用。教学条件涉及多个层面的内容，如教师、学习者、教学材料、教学时空、教学媒介等。例如，网络自主学习模式需要有网络课程、网络教室等教学条件的支持。

5. **教学策略**

教学策略是指在教学过程中积极有效的教学途径、方法和技巧的内隐思路和外显行为。有时，教学策略的内隐思维活动能由外显行为凸显；但有时，教学策略却无法以外显行为显示，难以被观察和感知，而常以观念性、方案性、情境性图式和网络贮存在内隐思维中。国内外学者研究证明，学习效率与策略的运用存在正相关。积极有效的策略是减轻学生学习负担，全面提高教学质量和学生素质的重要途径。

6. 教学评价

教学评价也是教学模式的一项重要内容，包含教学评价的标准和方法。教学模式的程序、目标、条件不同，其评价标准和方法也不一样。一个教学模式，一般都会对评价标准和方法产生影响。例如，罗杰斯（Rogers）的非指导性教学模式是帮助学生达到更大程度的个人的综合和现实的自我鉴定，教学的学习评价主要是学生的自我评价，这种自我评价使学生更能为自己的学习负起责任，从而更加主动、有效、持久地学习。

总之，教学结构是构成教学模式的基本成分和决定教学模式的内在条件。教学模式六个基本要素，即教学理论、教学目标、教学程序、教学条件、教学策略和教学评价，组成一个相互联系的综合体。其中，教学目标是教学模式的核心因素，它在特定的教学理论指导下，制约着教学方法、条件、策略和教学评价。教学程序、条件、策略、方法和评价都要围绕完成教学目标的设计安排，为完成教学目标服务。

教学结构是教学模式的关键因素。教学模式是通过结构形式来表述教学活动全过程的。教学结构本身是教学要素的联系方式，而教学要素之间相互作用的联系方式主要体现在具体的时空形式上。教学结构被分解成彼此独立而又相互联系、相互衔接、相互作用的几个阶段和具体的步骤、程序。由此，教学模式常定名为三段式或三步式教学模式。程序、阶段、步骤是以时间先后排列发挥各要素之间相互作用的。这种各要素按纵向时间先后排列是时间上的联系。教学模式的各因素之间还常以平列的空间排列，决定发挥它们横向联系的作用，这是空间上的联系。

由于教学模式各因素在时空范畴内排列组合不同，也就形成不同的模式类型。又由于学习内容的类型差异而采用不同的策略、方法、手段也呈现出不同的排列组合，则需要对各内容类型设计出有针对性的各种不同的教学模式。再由于教学模式中的某一因素的变化能引起该模式的组合变动，进而还能引起模式的变化。在实施某一种教学模式时，师生要处理好各因素之间的关系，发挥各因素之间相互作用的互动功能，发挥各因素相互之间辩证统一的整体优势，从而促进学生提高学习效率，发展全面素质，激励教师提高教育教学水平。

一切教学模式结构的主要因素都是相同和一致的。为什么会出现色彩缤纷、千姿百态的教学模式呢？主要原因是教学模式结构中各因素联系方式在各因素间的时空上表现出不同排列组合的形态。横向空间联系形态之所以能起变化，主要是由师生双方、教材内容和班级、小组组织形式的因素之间排列组合不同和变化所引起的。纵向时间联系形态之所以能引起变化，又主要是由于根据教学理论、教学目标、教学内容设计的教学程序、阶段和教学策略方法的步骤及其反馈系统之间的排列组合不同和变化引起的。横向空间各因素的有机联系和纵向时间形态各因素间的有机结合，二者相互整合成时空联系的网络。

（五）教学模式的功能

作为教学理论与实践的中介和桥梁，教学模式一方面能够以简化的形式表达一种教学理论和思想，便于人们利用和把握；另一方面，能够为教学使用者提供实现教学目标的程序、条件，从而使他们不断改进教学方法和过程。因此，从总体上来说，教学模式不仅具有理论的功能，还具有实践的功能。一般来说，教学模式主要包含以下五大功能：咨询阐释、描述组建、诊断预测、示范指导、系统改进。

1．咨询阐释

作为教学理论的简化，教学模式可以运用简明的语言文字、象征性的符号对教学理论的基本特征进行阐释，使教师更加迅速、直观地领会和把握教学模式的精神，从而更好地完成教学任务。教学模式的咨询阐释功能的发挥，有助于教学理论的传播和普及。教师通过对教学模式理论的把握和操作的理解，有助于其增强驾驭教学模式的信心，使教师自觉接受教学理论的指导，克服教学活动的盲目性，使教学更具有效性。

2．描述组建

教学模式将实践中已证明的行之有效的教学经验筛选出来，经过简化和概括，组建成一种稳固的活动程序和结构框架，用以对某些特定的教学活动所涉及的各个因素及其相互关系进行描述。教学模式的组建往往需要建立在某一主题之上，这就使得教学模式具有强大的个性特点和凝聚力。经过教学模式组建的教学理论，不仅是精练的部分，还是典型性的、可行性的部分。作为一名优秀教师，应该能够利用教学模式的描述组建功能，对不论是自己的还是他人的成功的教学经验进行升华和加工，使这些教学经验成为一般理论，最终提升教学理论的概括层次。

3．诊断预测

教学模式的诊断预测功能指的是教学模式能够对教学结果进行预见和

预期。与教学模式的功能目标、理论基础、操作程序、实施条件进行对照，可以对教学活动进行诊断，从而发现教学中的一些问题。对教学中的实施条件不完备、教学目标不明确等问题查找原因，从而找到改进的方法。

4. 示范指导

教学模式为一定的教学理论在教学实践中规范运用以便于执行较为完备的实施程序。初任教师如果掌握一些常见的教学模式，那么他们就有了展开教学的武器，可以更快进行独立教学。教学模式的示范指导功能，是教师实施教学的途径，并不限制或者扼杀不同教师的创造性。当教师在实施这些途径时，可以从具体的情境和教学条件出发，形成适合的教学模式变式。教学模式的示范指导作用对于青年教师而言也非常重要，有助于青年教师尽快开展独立教学，快速融入规范化的、正常的工作程序中。

5. 系统改进

通过运用教学模式，可以使教学活动更加系统化。为了适应新的教学目标，就需要在教学条件、教学程序上做一些更改，同时教师也需要提高自身的教学水平，使教学模式得以转化，用最完善、有效的教学模式取代落后、僵化的教学模式。教学模式的系统改进功能是建立在教学系统观的理论基础上的，其要求以系统的、完整的眼光来看待教学模式的改进。教学系统改进功能的发挥有助于带动师生关系、课堂教学、教学管理、教学评价等内容发生改变。

（六）教学模式的价值取向

教学模式的价值取向充分体现在教学模式特点之中。一旦教学模式的特点得以充分发挥，那么教学模式的价值观就能得以充分体现，教学效率也能得以提升。这里仅以整体性价值取向和简约直观性价值取向为例。

1. 整体性价值取向

教学模式的整体性结构能使教学理论、目标、原则、内容、程序、策略、方法、手段等各种因素组合成相互联系、相互作用的整合体，能充分发挥教学模式的整体功能。这既有利于冲击原有的孤立、单一因素的范畴框架，又有助于突破孤立、单一因素的束缚。孤立、单一因素势单力薄，难成气候，难以改善教学的局限性。部分传统的教学理论脱离了课堂教学的实际，脱离了学生社会生活的实际，成了高深莫测、摸不着边际的抽象理论，极难用以构建模式和指导实践。而教学模式中的理论是从教学实践中提炼出来的理论。它能直接指导着教学目标的制定，教学程序、阶段、步骤的优化排列组合，教学策略、方法、手段的优选协调，从而充分发挥教学模式内在各因素间整体、互动的能动作用。这种理论联系实际、指导实际、获取反馈升华的教学模式，既能突破原有的理论体系和教学结构，又能重新审视、探索、创建能积极有效地解决教学实际问题和提高教学效益的理论体系和优化的教学结构。而且，缺乏科学的理论导向的孤立、单一的教学方法，不足以影响教学改革的方向和促进教学改革的成效，只有发挥教学模式的整体效应，才能更好地促进教学改革在健康道路上获得新的、积极有效的加速发展。

2. 简约直观性价值取向

教学模式的简约直观性能使一种教学理论直接联系和指导教学实践，发挥其中介联系作用。采用简单明了的语言、符号或图式，呈现直观、具体、生动的教学模式，使人容易理解、把握和操作，能快捷、积极、有效地提高教学效率。

二、国内外英语教学模式研究

（一）国内英语教学模式研究

中国英语教学理论界对教学模式的理解主要有以下两种。一种认为教学模式是对一个系统或理论构成因素的框架式描绘。教学模式是有理论支持的教学活动的操作框架，它可能根据一定的教学理论而建成，也可由概括实践经验来形成。另一种认为教学模式是对语言教学理论或英语教学过程各主要因素本质及其相互关系等的形象性表述。肖礼全则根据教学模式在实际应用中的表现形式将其分为抽象和具体两种意义。所谓抽象意义是指较为系统的教学理论、方法和观点，或带有规律性的、有相对固定的方法、步骤、活动的教学实践；具体意义是指用图形、表格、线条等对教学相关因素及其关系进行的框架式的、概念式的描述。

近几年，高职英语教学界一直在探索一条适合中国国情的教学模式。比如，王才仁提出了一种意在中国适用的英语教学交际模式，该模式不仅把整个英语教学过程看作交际过程，而且把每一步也看成是交际：整个教学是师生之间交际的反复循环。该模式的核心原则是交际，交际是教师与学生之间的纽带，语言的输入与输出都通过交际来实现。该模式吸收了西方第二语习得理论成果，在“准备—过程—结果”的基础上发展成“输入—加工—输出”的学生语言输出流程。该模式强调交际的互动性和情境性。在该模式中，英语教学内容是语言信息、语用信息和文化信息，语言形式被看作是信息的载体，以交际为教学结果表明了英语教学已经不再是“一门学科”而是“为实现意义转换的工具”。在英语教育史上这无疑是一大进步，但是在学生语言输入的正确、得体和流利性方面对该模式关注得不够。肖礼全在对20世纪下叶以来中外四种教学模式评述的基础上，构建了一个以中国国情为依据，以亿万中国人学习英语为目的的中国英语教学宏观模式。该模式由教学环境、教学主体、教学过程、教学结果四个板块组成。它体现出很强的时代性，如教学过程分为实体和虚拟双轨。它吸收了先进的教学理论，因为该模式把教师和学生都看成是教学的主体，并提倡自主学习和任务型教学等新理念。但是作为一个宏观模式它必须是非常简洁明了的，否则它无法涵盖“亿万中国人”的亿万种学习方式。该模式力图做到全面，但太全面了难以突出其重点和个性，反而会失去其自身存在的价值。

教学模式本质的界定除概念界定外，还包括对模式层次的界定。在现代英语教学中，可以发现三种层次的模式：宏观模式（英语教学过程模式）、中观模式（大纲设计模式）和微观模式（课堂教学模式）。英语单词 approach、method 和 technique 分别具有宏观、中观和微观三个层面的意义。

课程改革后，几乎每个地区每所学校都在探索适合自己地区和学校的英语教学模式，因此出现了大量的英语教学模式，英语教学模式的研究成为英语教学研究的重点和热点。

随着课程改革的不断深入，我国教师、学者及研究生在英语教学模式方面的研究取得了可喜的成绩。他们对模式的研究涵盖小学、初中、高中和高职等层面，如英语自律课堂教学模式、英语互动教学模式、高中英语逆向教学模式、三位一体高职英语整体教学模式；他们还从教学方法视角摸索教学模式，如“输入输出平衡”英语教学模式、“四段式”英语教学模式、提纲式英语教学模式、封闭式英语教学模式等；教学方法方面主要集中在“互动”“合作”“任务”“创新”等视角，如“互动”英语教学模式、自主交互式英语教学模式、任务型教学模式在高中英语教学中的实践研究、“探究合作创新”英语教学模式等。此外，在英语阅读课上总结了许多教学模式，如“问题式”英语阅读教学模式、英语阅读教学中的“交流互动”模式探析、英语语篇教学模式等。

针对以上我国英语教学模式建构的现状，可以发现我国当前英语教学模式的研究基本上是零散式的，但是在总体上从模式构建的视角有以下四个方面：①理论说——教学模式是从教学实践中形成的一种设计和组织教学的理论，并以简约的形式表达出来；②结构说——教学模式是在一定教学思想或理论指导下建立起来的各种类型的教学活动的基本结构或框架；③程序说——教学模式是在一定教学思想指导下建立起来的完成所提出教学任务的比较稳固的教学程序及其实施方法的策略体系；④方法说——常规的教学方法俗称小方法，教学模式为大方法。英语教学模式的发展趋势具有三个主要特点：由关注“教”的教学模式向关注“学”的模式转化；在模式构建中越来越体现多门学科知识的整合性特征；模式研究的理论不断深入和实验研究逐步成熟。

在我国，英语教学界可以引进国外优秀的教学模式加以实践。20 世纪 80 年代起在浙江高职开展了以德国“柏林模式”为基础的“德语作为外国语教学论的实验”，取得了丰硕的成果。柏林模式由德国保罗·海曼（Paul Heiman）于 1962 年首先提出。该模式提出了影响教学过程的四个基本因素和两个先决条件，即意向、课题、方法和媒介因素，人类心理条件和社会文化条件。前四种因素属于决定范畴，后两种属于条件范畴，所有这些构成了每一种课堂教学的基本框架。模式可以用结构图表示，该结构是多元互动的、相互关联的、开放的、不断自我完善的结构。其最大的优势在于它提出了两个先决条件，将对“此时此境中的人”的透彻理解作为教学的前奏。正确的定位，再加上课堂教学过程中对四个基本因素的充分考虑，使得教学过程本身体现了教学效果。模式结构图清晰明了，充满了智慧，容易被一线教师理解和接受。那就是为什么该模式自 20 世纪 70 年代后，一直是柏林州基本的教学模式，并且也是柏林州教师培训班的必修课。许多德国教育教学第一线的工作者都以它为基础来进行教学设计。之后，该教学设计思想又被广泛地应用于日本、韩国、巴西、蒙古等非德语国家的英语教学及其他学科教学。

（二）国外英语教学模式研究

在国外，语言学研究起步较早，已经建立起一套完整的语言学习理论。外国语言专家在对英语作为母语进行深入的研究基础上，将其中的一些理论迁移到 TOEFL 教学模式的探讨，并总结了七种主要的英语教学模式。这七种模式在英语全球扩张的进程中迅速为各国英语教学研究者和实施者所接受。这七种模式说明具体如下。

①克拉申模式。该模式由克拉申（Krashen）创建，主要描写第二语习得过程。该模式的基本思想可以概括为：第二语能力是在较低的情感过滤条件下，通过足量的可理解输入，是以可预测的顺序习得的。

②贝立斯托模式。该模式由贝立斯托（Bialystok）创建，主要说明在形成英语能力过程中的三个层次及其有关因素的作用和组成方式。这一模式特别强调英语能力形成过程中形式和功能练习的作用，强调其他学科知识和文化因素对英语知识吸收的促进作用。

③斯特恩模式。该模式由斯特恩（Sterm）创建，它确定了英语学习的五个要素及其内在关系。这一模式的特点在强调英语学习的元认知策略的同时，也特别指出学生本身的心理特质和身处的社会环境等外部因素的影响。五个要素分别为社会背景、学习者特点、学习条件、学习过程和学习结果。社会背景包括社会语言、社会文化和社会经济因素；学习者特点包括学习者年龄、认知特点、情感特点和个性特点；学习条件是指课堂教学和自然接触；学习过程强调学习策略、技巧和大脑活动。

④艾伦·毫沃特模式。该模式由艾伦·毫沃特（Allen Howard）创建，它是一个多中心模式。根据交际的话题、题目或任务制定英语教学大纲，并采用 FSE. 三角形学习模式（F 代表 functional practice；S 代表 structure practice；E 代表 experiment practice.）。这种模式强调功能和结构分析，对我国的高中英语功能意念大纲的制定具有指导意义。此外，它首次提出任务型教学的概念，为后来任务型教学模式的建立奠定了基础。

⑤坎特林模式。该模式由坎特林（Candlin）创建，它把学习英语看作是语言形式、概念意义和人际关系的三个知识体系的结合。这种模式认为，英语学习实质是在人际交往过程之中语言概念的形成和正确语言形式的固化过程，它十分强调语言使用的正确性。

⑥哈伯德模式。该模式由哈伯德（Hubbard）创建，它是一种学习英语的交际模式，要求在客观事物的环境中进行愉快的交往。这一模式强调语言学习中的交际性，也就是信息差。它认为没有信息差的存在就不可能有语言交际，没有实际的语言交际，也就谈不上真正意义上的英语学习。它实质上是我国交际模式的范例。这一模式是 ARC 三角形模式，A（affinity）表示亲近力；R（reality）表示现实的意义；C（communication）表示

交际的意义。

⑦蒂东尼模式。该模式由蒂东尼（Titonc）所创，它是力图吸收其他模式之长的一种综合模式。它既借鉴了克拉申模式的情感策略，又借用了斯特恩模式中的社会影响因素，更贯彻了哈伯德模式的交际性原则。我国现代高中英语教学模式的折中法就起源于此。

三、英语教学模式的类型

（一）输入输出式教学模式

输入输出式教学是现阶段我国英语教学的主要模式，也是英语教学的主要模式，输入输出教学模式要求教师从学生的预习上课、作业、考试等学习过程设计“输入—输出”活动，从教师的备课、讲课、辅导、批改作业、成绩考核等教学过程设计“输入”方式，教师将自己掌握的东西尽可能地灌输给学生，学生将所接收的东西进行应用，合理地“输出”，从而达成教学目标。

（二）交往讨论式教学模式

在课堂上或者课下教学，教师往往会组织学生成立一些英语学习小组，在小组里鼓励学生大胆地用英语交流。在很多学校中，要求各个班级的学生必须展开英语交流会、英语辩论赛等活动，并将这些活动写成报告材料，作为评优考核标准之一。

（三）融合其他学科形成的教学模式

高职教学模式中最理想的状态就是将各个学科综合起来，融会贯通。语言教学虽然作为一种特殊课程，但也离不开和其他课程的配合，在教授学生专业知识的同时，需要和其他课程有机地结合起来，共同促进学生的成长与进步。高职英语教学也存在这种情形。现在很多学校都开展了“双语语码转换式教学模式”，即要求各个学科的教师将平时在授课过程中所涉及的英文部分转化成汉语传递给学生，这也是英语教学的一种很重要的模式。

(四)构建有效的英语教学模式

1. 英语教学模式要立足于现实

高职英语教学模式在构建的过程中会存在很多困难，需要经过多方位的探索。但是在构建高职英语教学模式时不要脱离实际情况，如学校的教学环境、师资力量等因素都需要综合考虑，应立足于现实，并在实施过程中不断修正，才能获得良好的教学成果。

2. 英语教学模式要注重学生的内在因素

英语教学模式的改革要注重学生的内在因素。随着人文主义的兴起，学生的学习态度、学习信心等内在因素在学习过程中的作用非常明显，在设计教学模式时要把学生内在因素考虑在内，这样才能保证教学活动的顺利进行。例如，有的学生基础比较弱，教师在教学过程中可以有针对性地教学，对其实施“一对一”的教学模式。

3. 英语教学模式要注重跨文化研究

英语教学模式的改革要注重跨文化研究。近年来，国内外在英语教学研究中逐渐打破语言教学的狭隘语言中心主义，转向更宽广的视角——从文化的角度研究英语语言教学模式，文化在英语教学模式中异军突起。关于跨文化的教学与研究已经有很多学者和专家进行了解读，普遍的观点是，跨文化的学习对于学习英语有正面的积极作用，学生需要在英语学习中了解文化的多元化发展和多元化内涵，以便更好地学习英语和培养英语思维。

4. 英语教学模式要以学生为中心

传统的教学模式往往以教师为中心，而英语教学模式则要以学生为中心。教师可经常组织活动，让学生积极参与并作为活动的主导者，以课程内容为相关背景与大家分享心得体会，这样不仅可以培养学生对英语的浓厚兴趣，也可以使教学形式更加多样化、多元化，有利于学校教育事业的发展。总之，英语教学模式研究要从实际出发，发挥学生的主观能动性，注重学生的内在因素，切实符合学生的发展，使高职英语教学模式更加适合学生发展的特色课程，也更加符合未来社会对人才素质的全面需求。

课堂教学是教学的基本形式，其效果直接影响学生对语言的习得。基于学生需求的教学目标决定了英语教学必须“以学生为中心”，教师要设计丰富多彩的课堂教学活动，根据不同的课程需求、不同学习者的语言水平，采用灵活多样的教学手段，提高学生的自主学习能力和参与能力，使教师成为学生的合作者。教师可以根据教学内容创设出特定的场景，让学生通过看、听、说和角色扮演，再现课文所描绘的情境，使学生仿佛身临其境，充分发挥自己的想象力，强化训练，提高运用语言知识和获得语感的能力。这种方法使课堂成为双向交流与互动的实践场所，可以极大地提高学生的学习兴趣。案例分析、项目研究、角色扮演、模拟和小组讨论等方法对英语教学都非常有效，如高职旅游英语口语训练很多都是在特定场合（如入住宾馆、饭店进餐、景点讲解等）下发生的。教学中可以对导游活动中的实际情境进行模仿，如接待客人的时候如何致欢迎词、如何办理酒店入住手续、如何向客人说明行程安排等，让学生掌握一般旅游活动中的基本流程和基本技能。会话训练、阅读训练、翻译训练，使学生能够承担一般旅游活动的英语交流工作，能翻译基本的英语材料，能用英语介绍指定的旅游景点等。

5. 利用多媒体技术创设岗位语言环境

高职英语课堂传授的知识面广、内容多，而课时数又有限，教师很难在有限的理论课教学时间内既将重点、难点讲透，又扩充学生的知识面，因此必须借助先进的多媒体技术来设计高效的高职英语教学过程，现代计算机技术的发展为此提供了先进的教学设备和素材。多媒体教学信息量大，图片、文字的演示，超链接各种相关资料，使学生在课堂教学的有限时间内接受大量的信息，扩大高职生的知识面。对于一些复杂的内容，教师可以收集相关的插图、图表、案例等插入其中，使问题变得直观简单。

多媒体技术还有利于学生学习兴趣的培养和听、说、读、写综合能力的提高。语言交际能力的培养，要求首先有大量真实语言材料的输入，再通过反复操练和实际运用，逐渐转化成学习者内在的语言能力。英语教学听、说、读、写技能的培养，离不开大量的语言输入和一定强度的技能训练。教师可以设计教学模拟软件，创设学生目标岗位的实际环境，在多媒体上虚拟实际工作环境中的操作情境，使学生直观地认识岗位环境中英语的重要性，把理论教学和实践教学有机地融合在一起，让学生在电脑上直接实现人机交互，完成一次能力的真实体验。利用先进的多媒体技术，让学生模拟实习各种商务活动，熟练掌握导游解说技巧和进行各项专业语言训练，从而达到良好的教学效果。教师还可以利用多媒体教学，给学生播放国外旅游的导游过程。让学生来翻译一些简单的句子，通过听、说练习，大大提高学生的学习热情。多媒体教学使学生在轻松活泼的课堂氛围中感受和掌握目标岗位所需的语言应用能力。

在课外拓展练习时，还可以在语音试验室里利用全数字语言学习系统让学生自主进行听力练习和句型操练、真实语境模拟、语言游戏、问题解答等，使课堂教学变得生动，学生才更乐于参与课堂交际活动。此外，网络也是一个重要的途径，它不仅可以提供最新的高职教学信息资源，还可以建立英语聊天室，利用学生感兴趣的网络虚拟环境进行英语交流，提高学生的专业知识水平和英语运用能力。高职还可以用网络连通学生、教师和企业，建立教学与就业的直接联系，实现英语教学的全方位、立体化，为学生获取资料、学习实践、顺利就业开拓更广阔的天地。

6. 结合专业英语提高课堂教学效率

高职英语教学与专业英语教学应是彼此融合、互相渗透的，教师在课堂教学过程中要有意识地将基础英语教学与专业英语教学相结合，根据专业特点和就业需要，指导学生优化学习方法，掌握英语应用的能力，引导学生在实践中去发现问题、分析问题、解决问题，使学生从被动地接受单纯的理论知识转变为主动运用理论知识和学习方法来提高英语应用能力。例如，在一些句型操练时，可以穿插专业名词，在选择课外阅读材料时，可以使用一些内容稍浅的、实用的、有代表性的专业文献，让学生自己上网查找一些专业术语词汇。在一些教学图片、道具、场景的选择上，要尽量向专业靠拢，培养学生在专业岗位场合使用英语的能力。在教授句子长、结构复杂的专业英语时，也可按基础英语的分析模式来分析、简化句子结构。比如，教学旅游英语时，为了提高学生的学习兴趣，可以采用基础英语教学的听、说训练方法，从简单地介绍学院的建筑、风景练起，在一些句型结构的帮助下，让学生用英语简单地描述，并逐步加大句型难度和词汇广度。同样，教师还可以要求学生注意观察生活，收集身边出现的一些产品说明书或英文介绍，教师在课堂上进行讲解，并让学生进行场景模拟。例如，在学习和导游相关的英文后，让学生在校内现场导游，学生能迅速进入角色，把具体的景物和英语词汇、句型联系起来记忆，印象会更加深刻，从而提高教学的效率。

四、英语教学模式的内涵思考

近年来，我国的英语教学有了长足的发展，从教学大纲的科学设计到交际化课堂教学的实践探索，从教学法流派的争论到语言习惯本质的深层研究，从方法到理论，从外到内层层展开。当然，发展过程不可能是一帆风顺的，其中也存在一些不恰当之处，可提出来共同探讨，以利于英语教学的发展。教育肩负着一个民族的未来，是一个国家兴旺发达的重要筹码，教育的实施离不开教学活动，在大众教育里，教学绝大部分在课堂中进行，由于课堂教学直接影响着素质的培养，因此可以认定教学活动的主战场和前线就在课堂。这也是人们不断改革，深入研究课堂的原因之一。

“百年大计，教育为本”这个说法是永远也不会过时的，然而真正深入思考，落到实处，需要大处着眼，小处着手，细化教学大纲，并且在实践中借鉴古今中外的实用教育理念及教学经验，不断与教学实际相结合并转化吸收也实非易事。

教材是死的，课堂是活的，英语教学尤其如此，这个提法对大家来说并不陌生，但是又有多少教师不自觉地照本宣科，有多少学生在课堂上不能集中注意力，对英语没有多大兴趣。造成这种局面的原因不是单一的，教育战线上的工作者已经为之并正在为之努力，也的确已经采取和正在采取一些措施进行纠正。例如，学校引进了多媒体教学仪器进行辅助教学，教室里附加了一些设备，甚至建立了大型的多媒体语音室，聘请了外教，还邀请了国内外或国内某些知名的专家、学者、教授，不定期地做指导、办讲座、做评估，甚至聘请他们担任名誉教授，使教学内容涉及教学与教学发展的各个方面。

教书和育人这两方面支撑起教育事业的“大厦”，在教育实施过程中容易出现两手都在抓又两手都不硬的情况。耗资巨大的教学辅助设备，价格不菲的语音室及其操作管理系统，高额的使用费和维护费，却往往不能对教学起到很好的推动作用，有时物不尽其用，导致资源浪费。聘请的外教良莠不齐，真正懂教学又了解中国学生英语现状的凤毛麟角。

教学的关键是课堂，使课堂优质高效便是亟待解决的问题。英语教学的目的是培养听说读写能力，交流思想与文化，那么课堂的内容就理应围绕这个中心展开。19 世纪末以前，英语教学还只停留在解决为什么教英语的层面上，当时各国间的交往还不十分频繁，学英语更多的是为了开阔眼界，了解外国文化。在当时的时代背景下，翻译教学法也在欧洲的英语教学中得到了极大的重视。由于翻译的重点在于书面语的阅读和理解，口语只处于从属地位，因此就当时社会环境而言，它反映了英语教学的部分规律，是实用的，也满足了当时社会的需要。到了 19 世纪末—20 世纪 40 年代，由于社会政治经济各方面发生了巨大的变化，国际形势风云变幻，谈判和外交活动日趋频繁，商业交通日益发达，语言不通成为各国人民交流的障碍，人们迫切需要口头交际能力，使得翻译法逐渐降温，最终让位给直接法，而直接法又合乎时宜地解释了英语教学教什么的问题，即直接建立思维联系，以口语为基础、以模仿为主，注重直觉，当语言学不再停留在机械的时候，英语教学又翻开了新的一页。“第二次世界大战”前后二三十年里，听说法风靡一时，从为战争培训到社会教学。英语教学怎么教，被提出来并为以后的问题解决奠定了坚实的基础。语言学习技能化是当时英语教学极其鲜明的标志，其物化的具体表现便是大型语音实验室的出现。但美中不足的是，它的效果并不总是那么理想，对于无休止的模仿和重复，人们开始感到厌倦和怀疑，形式主义和经验主义已经不合时宜，此时的人们又开始考虑语言获得的机制及认知过程的机理，不断恢复古典语言学中的理性。从 20 世纪 60 年代下半叶起，各种新的英语教学思潮相继出现，有以批判语法结构为中心的教学体系而主张以连续情景为中心的情景教学或视听教学；有以批判习惯形式论为中心而主张认知习得论的认知法；有以批判语言结构论为中心而主张语言功能理论的交际法或功能法；还有以批判教师和课本为中心而以学生为中心的沉默法、顾问法、暗示法等。可以说，当前的英语教学方法各异、百家争鸣、各有千秋，值得各高职院校借鉴并付诸实践。

第五节　英语教学模式改革的意义

一、有利于提高高职英语在学生职业能力发展中的作用

高职教育的目标主要是为企业等用人单位培养具有一定职业素质和职业能力的应用型、实际操作型人才，其教育的方向是培养职业技能。另外，提高高职学生的职业英语意识尤其是综合知识运用水平能极大地提高高职学生的就业竞争力。然而，该如何提高高职英语教学中学生的职业能力水平，这是现代众多研究者和高职教师着重考虑和深思的问题。

传统的教育理念是以知识为教育重点，以技能教育为辅，致使高职教育发展受到了阻碍，并且造成许多高职毕业生难以适应工作岗位需求。高职英语的教学表现得尤为突出，因此提高高职英语在学生职业能力发展中

的作用是当前迫在眉睫的事情。高职英语的教学工作在理论和实践中得到了飞速发展并总结了大量的经验。例如：高职英语教学系统、体制、规划实践模块的创建；高等职业教育中高职英语教学定位的明确、教学评价体系的建立等。

二、有利于提高高职英语教学效率

由于我国高等职业教育的教育目标就是培养符合当前用人单位的岗位需要和职业需要的人才。这个教育目标也决定了当前高职的教学模式有必要以学生的职业技能培养为中心指导思想。因此，在当前高职英语教学中首要的问题就是如何把高职英语教学与职业教育结合起来，培养学生的职业能力和职业素养，实现高职英语教学的职业化目标，有利于高职基础课程教学的完善，让英语能够在学生的就业上得到充分的运用和发展；另外，高职院校要试图改变高职英语教师传统的教育方式并更新教学内容，提高英语教学效率。

三、有利于改变陈旧的英语教学模式

当前，我国的英语教学存在一个明显的问题，即以传授基础知识为主，很少组织交际活动。简单地说，英语教学模式陈旧仍然是我国英语教学面临的一个问题。对此，不少英语教学研究者概括和分析了陈旧教学模式的负面影响，如教学实际与教学目标背道而驰，教学材料和教学内容与当今社会发展的需要不适应，单一、陈旧的教学方式造成了机械、被动的学习等。

以教师为中心的教学模式是我国英语教学面临的一个严重问题，其会严重影响英语教学的效果和学生的学习积极性。在很长一段时间里人们评价教师是否合格仅注重：教师是否认真备课，教师在课上讲解的内容是否丰富，教师在课上讲解知识点时是否有条理等。

在以教师为中心的课堂上，因为担心学生听不懂，所以教师会反复地举例说明，不停地讲解词汇和语法点，甚至一些教师为了让学生清楚、明白，不惜用整节课的时间逐词通篇地翻译一篇课文，完全忘了要为学生提供理解和消化的时间。同样，在这样的课堂上，学生为了能抓住教师讲解的每一条信息，也将注意力全都放在记笔记上，没有多余的思考和参与课堂活动的时间，总是被动地听。显然，在这种师生之间除了讲、听，没有思考和语言交际的课堂上，学生的学习效果一定不会很好。

总之，以教师为中心的陈旧、老套的教学模式大大限制了学生在课堂上应有的自由，从而阻碍了学生潜力的发挥。因此，高职英语教学模式的改革势在必行。

四、有利于科学评价体系的形成

在传统的高职英语教学中，教学评价的方式十分单一，最常见的就是考试。这种评价方式的目的主要是测试与选拔，总是按成绩的高低将学生分为三六九等。所以给一些成绩不太好的学生带来一定的伤害。对此，高职英语的教育评价体系也要进行改革，如采用多元的评价方式。真正的评价目的并非对学生进行分类，而是对教师的教育效果进行监测，对学生的学习情况进行观察，从而进一步改善教学方法和提高教学效率。

第二章　高职英语教学模式改革的现状分析

高职英语教学模式改革对于高职教育、高等教育及国家发展具有重要影响，要充分了解高职英语教学模式改革研究现状及改革发展现状，才能在发现问题的基础上进行模式改革探讨，采取有效的改革策略，创新高职英语教学模式改革。本章分为高职英语教学模式改革研究现状，高职英语教学模式改革发展现状两个部分。主要内容包括：高职英语教学现状及相关对策研究现状、高职英语教学模式改革及相关研究现状、高职英语教学模式改革发展现状、我国高职英语教学模式的主要类型。

第一节　高职英语教学模式改革研究现状

一、高职英语教学现状及相关对策研究现状

2000年，教育部发布《有关高职高专教育英语课程教学基本要求（试行）》，就高等职业英语的教育宗旨和教育范围、教育规则等做了具体阐述，指出该教育的宗旨是提高学生的英语实践应用技能，彰显教学范围的专业性和方向性，主要显示在教课过程中的实践需求为目标、学习广度与需求相结合的教学理念。在高职教育的改革过程中，经过多方面的研究分析，建立了“五环”“探究式”“互补互助”教育形式。

有关高职教育英语课程改革的具体内容，韩艳从学校的师资力量、教课书籍、学校硬件设备、学校制度、课程平度标准等方面分析问题。教学策略上，主张采用班级教课，根据班级的不同特点制定不同的教学方针，进行针对性的英语教学，以围绕学生为中心，提高教学质量。整体来看，高职教育的改革方向是与专业直接对接的。该方面的研究成果一直以来都

比较缺乏。这次高职教育英语课程改革中强调的英语课程主要是教学策略为主体，提倡采用多元化的教课策略，对其职业导向作用深刻认识，提高教学实质效果。在以前的各种研究分析里，已有多数学者对高职英语教育的实际状况做出探究，同时给出了具有一定意义的意见。姜大源分别从教育人员、学生和教学策略三个领域里对现有的问题做了深入探讨，提倡提升教育团队的整体实力，特别是英语教学的教师综合教学能力，针对学生的实际情况，采用具体的、相对的教学方法，注重学生的独立学习兴趣的培养、可适时调动教学课程的安排，发挥高职学生的课堂主体地位，充分运用现代化的信息多媒体技术，促进职业情境的生成。张秀清曾对高职英语教学的教师的综合素质做出了具体研究，他提出，学生本身的英语水平并不相同，教育机构的教学方针不能与社会需求相结合，教学设备条件差，教师整体教学水平一般。做好教育改革工作，可以采用有效的教学策略、改善教课环境、提升教师的教学水平，引进先进的教学设备，增加教育本身的投资力度。

朱金红强调，改善高职教育机构当前的英语教学环境，帮助学生形成高效的学习策略，完善职业教育模式，形成新的教学理念，提升高职教育的质量。在她的研究中，提倡多元化的现代教学模式，加强职业内容在高职英语教学中的渗透，帮助学生全面发展自身素质，为将来就业做充足的准备，同步提升教育机构的师资力量。

徐小贞也在高职英语教育方面做了很多研究工作，她共从五个角度提出并探究了其滞留的问题，分别是受教育者、学校的师资力量、社会人群对语言学习的片面理解、教课的形式老旧、教改的过程艰难。徐小贞提倡把教师传授变成学生主动学习，激发学生对英语的学习热情，更正不合时宜的教学理念，让英语教师互相学习、互相提高，建设高职教育机构英语教学特色，构建趣味英语教学基地，进行多元化教学，配合完善评估机制，师生共同进步。

陈小近综合考量了高职教育机构的英语教学问题所在，同步制订了解决方案。关于高职受教育者的英语质量普遍较低，又缺乏学习激情，学校的师资力量落后，没有独特的教学方式，评估机制也不完善，教师同样缺乏教学热情，等等问题，他主张优先转变治学理念，改革教学策略，注入新鲜血液，建立高职的评估机制，激励教师积极教学，整改目前高职教育机构英语教学的弊端。

刘黛琳和张剑宇两人共同做的相关研究，主张将与职业本身涉及的英语知识囊括到高职教育的英语教学中去，在极大范围内让学生掌握具有一定实践意义的知识技能。张程等人对高职英语教育向专业方面的深化进行了研究，同时对深化过程的将来做出了一定的描绘，从理论角度出发详细地分析了高职教育机构怎样让公共英语课程与专业英语课程联接，并且探讨了这种新式的教学模式的发展前景。

二、高职英语教学模式改革及相关研究现状

近年来，在学术界对于高职院校英语课程教学改革研究也备受关注，针对其教学改革的研究逐年攀升。然而，当前侧重于职业英语方面的教学改革在我国高职中的实证研究却并不多，具备可操作性、可普及推广的职业英语教学改革更是凤毛麟角。综合相关材料的阅读和归纳整理，目前的研究问题主要集中在以下几个方面。

（一）关于高职院校英语教学模式研究

沈朝晖在《高职院校职业英语教学模式研究》一文中论证了优化职业英语教学模式，包括：将学英语和用英语相结合；教师利用导入式和情景式教学方法；教师引导学生参加与专业相关的活动比赛；等等。在《高职公共英语课程教学改革探索——导入“以就业为导向”的职业英语教学模式》一文中从以下四个方面阐述了职业英语教学改革：一是优化课程设置，包括课程内容要职业化和课程结构要多元化；二是教学方法要具动态性和实践性；三是教学评估标准要具灵活性和多样性；四是重视英语教师队伍的建设和发展。陈芳在《基于职业素质的职业英语教学模式的构建》一文中，根据职业素质教育的调查及分析结果，提出构建职业英语教学模式的观点，主要论述了三个方面：构建职业英语教学模式的可行依据；构建职业英语教学模式的思路；基于职业素质的职业英语教学模式。

（二）关于高职英语和职业英语相结合的有效途径研究

武晓燕等在《浅议高职院校公共英语和职业英语教学的衔接》一文中提出了在高职院校中实现职业英语和公共英语的有效衔接，必须建立在弄清楚职业英语和公共英语的关系基础之上，二者的有效衔接主要有以下几个方面：机构衔接、师资衔接、教材衔接、教法学法衔接、评价衔接。李万静在《高职公共英语和职业英语的衔接因素分析》一文中也论述了公共

英语和职业英语的衔接，在教学上应解决以下几个问题：一是师资力量的培养和储备；二是英语课程设置和教材开发与突出职业特色；三是英语课程的教学情境和教学模式的变革；四是教与学评价机制的改变；五是人才培养机制和教育管理的转变。冯慧茹在《试论高职公共英语教学向职业英语教学的转变》一文中论述了进行职业英语教学改革的必要性及公共英语应向职业英语方向转变，主要内容包括教学内容职业化、增加实训环节、加强师资队伍建设、实施多元化的教学评估、选用合适的教材。

（三）关于高职“双师型”教师的培养研究

李静在《改革高职公共英语教学推进职业英语发展》一文中分析了职业英语教学改革的途径之一是培养“双师型”教师。张云在《从基础到行业：高职英语教学改革中的教师发展》一文中详细论述了高职公共英语教师发展应从四个方面做起：一是激发自我发展的需要，提升教师发展意识；二是积极开展反思性教学，促进英语教师发展；三是开展合作学习，实现行业英语教师发展；四是外在培训与内在实践相结合，提高对相关行业的认识。

（四）关于职业英语教学改革增加实训环节的研究

武竞、王莉丽和高隽在《关于改革高等职业英语教学的几点思考》一文中阐述了突出高职特点，重视英语实训的观点。冯慧茹在《试论高职公共英语教学向职业英语教学的转变》一文中也曾提出在职业化英语教学中增加语言实训环节的看法。由此可见，在职业英语教学中，应联系工作场景，强化语言应用技能训练，突出职业特色，增加实训环节。

（五）关于英语技能大赛发展对促进职业英语教学改革研究

何文斐在《英语技能大赛发展对职业英语教学改革反拨作用研究》一文中从不同角度对英语技能大赛的历史源流和发展轨迹进行了解析，研究了英语技能大赛对职业英语教学改革成效具有检验和指引作用。同时从教学方式、培养目标、技能实训和评价体系等方面将英语技能大赛理念和实践与职业英语教学改革进行融合，以培养和提高学生英语应用能力和综合素质。

第二节　高职英语教学模式改革发展现状

一、高职英语教学现状

（一）学生个体差异较大

由于国家对职业教育的鼓励，各大高职院校的招生力度逐步增强，越来越多的学生进入职业学校学习。学生进入高职院校对于职业技术的教学和学习比较重视，在很大程度上对于文化课程的重视不足，特别是英语学科，学生无论是学习态度还是学习基础都有明显的差距性。另外，高职院校的学生个体之间的差异性较大，在教学过程中，教师的教学难度很大。

（二）学生英语基础较差

我国职业技术学院英语学生来源主要有两种。一种是普通高中毕业生，其经过正规的高考录取，具备一定的英语基础能力，但整体水平较差。二是中专、技校升入高职院校的学生，这部分学生在初中阶段虽然学习过三年的英语知识，但是其总体基础较差。可以看出，高职院校学生总体英语能力较差，在进行专业英语知识学习和理解过程中存在一系列问题，学生学习积极性、学习主动性容易受到打击，学生学习效率低下。

（三）英语教学模式落后

目前，我国高职院校课堂教学的展开采用大班教学模式，在课堂教学过程中教师占据着主体地位，对学生展开灌输式知识教学，学生被动地进行知识学习，学习兴趣不高。这种教学模式下，教师基于课本教材展开照本宣科的教学，忽视了学习主动性的培养。在高职院校英语教学中，教师作为课堂教学的组织者，其教育思想、教学模式直接影响着课堂教学效率。因此，高职英语教师应该积极转变教学理念，在课堂教学中开展创新教学，对教学模式进行改革，以此来激发学生课堂学习兴趣，提高课堂教学效率。

（四）教师队伍建设不足

近年来，高职学校办学规模和学生人数逐渐增加，而教师队伍建设速度较慢。这种情况下英语教师教学压力增加，教学时间和精力越发不足，课堂教学效率低下。另外，随着教育教学不断发展，对课堂教学要求提高，不仅要注重对学生知识技巧的培养，还要注重对学生全面素养的培养。但是在目前的高职英语教学中，高水平英语师资严重缺乏，课堂教学质量不高，既缺少对学生英语应用能力的培养，也没有对学生全面素养的培养。

二、高职英语教学改革的现状

随着我国对高级职业技术人才的需求急剧增长，高职院校得以快速的发展。高职高专的教育是以培养面向基层、面向服务和管理第一线需要的高等技术应用型人才为目标的，所以高职教育应以技术应用为主、以能力和素质的培养为核心。国内经济的快速发展推动各行业迫切需要精通专业业务知识同时又有较强英语能力的复合型人才。为保障学生的就业，满足不同专业对英语的不同要求，实现英语和专业的更好衔接，提高学生的英语应用能力，大多高职院校就如何培养出既掌握英语技能又精通专业知识的学生，要求英语教师在教学内容、教学目标、教学评价及教材等方面对英语教学模式进行改革。传统的高职英语学习只是担当了公共必修基础课程的角色，在教学过程中过于注重学生对英语语法的掌握和应用，而忽略了高职学生适应未来岗位的需求。在传统的高职英语教学模式下的高职学生缺乏专业英语素养，无法胜任未来的职业需求。高职英语教学的改革应该与专业相结合，注重培养学生的综合素质，提高英语的应用能力和实践能力。

（一）改革教学模式——体现学生的学习主体地位

从高职学生的特点和就业特点出发，有针对性地开展多样化的教学模式，提升学生的学习积极性，培养学生的英语学习习惯，帮助学生逐步形成职业能力的培养意识。引导学生学思结合，在新生入学后可以组织一到两周的实践活动，让学生对未来学习中可能遇到的问题和就业中可能存在的问题有一个清晰的认识。

新课改理论提出，课堂教学的展开应该注重学生的学习主体地位，即在课堂教学过程中强调以教师为主导、学生为主体，展开小组教学、探究教学、实践教学等，促进学生全身心地融入课堂教学过程，推动学生展开自主学习。在高职院校英语学科教学中，教师应积极改革教学模式，促进学生展开自主学习，让学生将英语的输入与输出、学习和应用有机结合起来，在进行语言知识学习过程中，促进学生合作学习、问题解决等能力的发展，培养学生的创新意识、创造能力，以此促进学生全面发展。例如，在阅读与写作训练过程中，教师应展开小组合作学习，让学生展开合作阅读等，在培养学生基础语言能力的同时，培养学生交流协作的能力。另外，在英语学科知识的学习过程中，注重交流，让学生开口说英语。在传统的“哑巴英语”教学模式中，教师基于课本教材展开照本宣科的教学，学生被动地进行知识学习，“开口”的机会几乎为零，导致学生难以形成英语语感，课堂教学效率低下。因此，教师在高职英语课堂教学过程中要积极转变传统教学模式，将更多的课堂主动权交给学生，给学生创造更多“开口”的机会，让学生在开口说的过程中不断地发展自己的英语语言能力。

对教学模式进行创新，如兴趣教学。从兴趣出发，根据本专业的特点，开展英语教学，将未来就业过程中可能出现的问题进行提前预演，这样不仅能够提高学生对英语学习的兴趣还能让学生认识到就业与学习之间的关系。

当然，在高职英语教学中可以应用情境教学法，让学生进行角色扮演，挑选实际的问题，真正做到从实际出发，鼓励学生自主学习、合作探究，提高其交际能力。可以把传统教学中传承的教学优势与当前的教学模式相结合，根据本专业的特点，开展英语教学，通过丰富的教学内容和教学方式，加快网络平台教学工作开展，有效结合第一课堂和第二课堂，让学生实现课堂与课后的有机结合，加强学生学与思，促进职业能力培养与发展。

（二）构建高质量师资队伍——提高英语学科教学效率

教师专业化水平的发展取决于教师思想、态度。因此，高职院校要积极地开展教研活动，有针对性地对教师教学思想、教学观念进行指导与培养，促进教师理念水平得以提高，提高教师在教学过程中对学生知识、能力、思想进行培养的有效性。

一是教师明确教学目标。在新课改背景下，要求教师在进行教学目标制定时，不再局限于单纯的知识教学，更多要注重学生思想、道德、品质的培养，将知识教育与思想教育、道德教育、品质培养进行结合，提高学科教学的教学价值。

二是教师明确教学观念。在学科教育中，教师应当重视当代学生的多元化价值取向，融入民主、个性、科学等现代教育思想，做到“以生为本”，促进学生个性的发展。另外，教师要明确德育教学理念，在教学过程中做到以学生为主、教师为辅开展因材施教的教学原则，提高教育教学的针对性。学校加强教师思想教育、转变教师教学理念是构建高质量师资队伍的基本前提，对于教学模式改革的展开具有重要意义。

三、我国高职英语教学模式的主要类型

我国的高职英语教学在其长期的发展中形成以下几种教学模式。

（一）传统英语教学模式

长期以来，我国英语教学传统的模式是“以教师为中心”的、以教师讲授为主的灌输式教学模式。在高职教育中，由于受多种因素的影响，这种模式更是被普遍地应用着。它的特点是突出了教师在教学中的作用，教师占据了课堂绝对控制地位，决定着课堂教学的计划、内容、方式、进度和考核。为了达到教学要求，教师往往以讲解、练习和输出作为主要授课形式，把传授知识作为自己教学的主要任务。为了提高教学效率，教师会把与教学内容相关的大量知识和信息分解在教学过程中。其优点是，能让学生在较短的时间内获取较多的信息量和知识积累，有助于培养学生的逻辑思维能力，能够在传授知识的同时寓思想教育于教学当中。而且它的效率高、成本低、通用性强，所以这种教学模式在教学中依然有很重要的作用。同时，它自身也有其难以避免的缺陷，“粉笔+黑板+课本”决定了教学过程中教学手段的贫乏、方法的单调，难以激发学生学习的热情；教学中忽视了学生的主体作用，将学生本该由主动的参与者变为被动的参与者；教学中，也难以顾及学生个体的差异和学习兴趣的培养。

（二）任务型英语教学模式

任务型英语教学模式是对交际法批判式的继承与发展。交际法采用功

能与意念大纲来确定教学内容和目标；任务型教学法以任务为核心计划、组织教学，制订任务大纲，以任务的完成为教学目标。任务型教学法认为，英语学习的实质条件是真实的语言环境、大量的目标语输入和输出机会及学习者之间的意义协商；交际法缺乏大量的语言输入和输出机会。任务型教学法采用任务组织教学，为英语学习创造了必要的条件。选择与生活相关的交际任务能够为学习者创造接近自然的语言学习环境，促进完成任务过程中学习者之间的互动、意义协商，并提供大量的语言输入、输出和验证假设的机会，这本身就能够推动学习者语言能力的发展。

任务型英语教学模式的重要创新在于提出了形式与功能性原则，即让教师与学习者明确语言的形式与语言的功能之间的关系，因此任务的设计注重语言形式和功能的结合。任务型教学法对语言结构的关注并非期望学生一次性地掌握课堂中出现的语言形式，而是为了引起学生对语言结构知识的注意，形成一定的认识，从而逐渐整合到发展中的中介语系统中，最终形成语言能力。具体地讲，学生通过完成听、说、读、写等任务，对语言进行积极的认知加工，在感受了语言形式所承载的意义的基础上获得综合语言技能的发展。在教学实践中，教师依据该原则让学生结合特定的语境观察、分析、概括出语言的规则，从而改变教师主要通过讲解、灌输语法的教学方式；同时，学生更加明确自己的学习目标，并在交际的环境中合理分配注意力，使语言得到持续、平衡的发展。

任务型英语教学模式从人的发展角度设计教学任务。任务型教学法以任务为分析单位编制大纲实施教学，任务型英语教学模式使语言系统与语境联系起来，把教学的重心从形式转移到意义上来。它可以让学生在使用语言的过程中学会语言，并为学生创设发现学习、探索学习的情境和条件，促进学生认知能力的提高，从而确立学生在教学中的中心地位。学生通过组织语言、使用语言去寻求答案、解决问题、完成任务。语言系统知识的掌握已不是教学的终极目的，它只是发展学生交际能力、解决问题能力的手段。任务型教学法体现了沟通与合作、真实性、关注过程、重视学生主体性参与、学用结合等特点，毋庸置疑，它是英语教学法的又一次巨大进步与创新。

任何一个教学法流派都是得失同在，任务型教学法也存在着不足及许多有待解决的问题。首先，任务型教学法的理论依据主要是第二语言习得理论，强调语言学习的重点应放在意义上。语言形式虽然也受到一定的关注，但处理语法的方法主要由教师根据主观经验做出判断，是随意且缺乏系统的。其次，任务的选择、分类、分级与排序还存在不少的困难，更谈不上达成共识。

因此，要真正做到系统有序地以任务为中心来开展教学，还需在课程大纲的研制、内容的选择、教材编写的层次上下功夫。

（三）分级英语教学模式

由于高职、高专和成人高专学生入学时的英语水平差异较大，在2000年国家颁布的《高职高专教育英语课程教学基本要求（试行）》中明确提出，英语课程的教学要求分为A、B两级，实行分级指导。“统一要求、分级指导”这一原则为高职英语分级教学提供了有力支持，分级教学已成为高职英语教学的理想模式。它是充分考虑学生在入校时英语水平的差异对教学带来的难度，以及如何让学生发挥自己的主动性和积极性，使学生有效地提高自己的英语水平。实践中，分级教学和分级指导具有很强的操作性和灵活性。

具体而言，是指各类职业学校根据生源质量和教学条件，参照学生英语测试成绩，将其划分为不同的等级，并分别对之提出适应性的要求，确保在不降低教学要求的同时，力求做到因材施教，让优秀人才脱颖而出。

（四）计算机辅助下的英语教学模式

计算机辅助教学（CAI），也叫多媒体教学，是一种新型的现代化教学方式，它被引入教学中始于20世纪80年代。随着计算机的普及和广泛应用，使计算机辅助语言教学（CALL-computer assisted language learning）扩展到了英语教学的听、说、读、写等各方面。现代教育技术的运用，旨在使受教育者能够高效率地获取知识、运用知识、加速学习进程。我国的计算机辅助英语教学的研究始于20世纪70年代后期，20世纪80年代末至20世纪90年代初得到了迅速发展。现在全国各地都有从事这方面工作的人员和自行研制的软件。1985年上海交通高职科技英语系建立了EST语料库；北京钢铁学院英语系建立了CES语料库；南京高职研制出IBM-PC；华南理工高职英语系与上海英语教育出版社联合推出了《高职英语精读》多媒体教学与辅导系统（MCES-IR）；清华高职研制了“新英语教程”光盘系统；中国科技高职和上海英语教育出版社联合研制出了《高职英语听力》多媒体配套教材等。这些研究项目和开发成果都证明我国高职计算机研制技术的发展与提高。1994年3月在天津召开了全国计算机辅助语言教学专业委员会（CALLAC）筹备会议。同年 8 月在杭州召开的首届全国计算机辅助语言教育专业委员会成立大会暨学术报告会，标志着我国 CALL 的研究进入一个新的时代。2001 年在广州召开了全国计算机辅助语言教学大会进一步显示了 CALL 在中国教育领域所发挥的作用和成果。

随着多媒体计算机技术和网络通信技术的迅速发展和日益成熟，随着教育信息技术的不断发展，计算机在促进教学发展进程中发挥了越来越重要的作用，而且已成为世界教育信息化进程的一大标志，并引起了广泛的重视。计算机辅助教学有利于实现学生自主化、个性化的学习；有利于发展学生的智力，培养他们的能力；可提供形象化的教学信息；能增大课堂教学的容量，越来越受到人们的欢迎。

（五）内容型英语教学模式

内容型英语教学模式通过运用英语教学学科内容，把语言系统与内容整合起来进行教学。这种整合观是基于一种对语言教学的认识：只有同时给予二者相同的重视，而不是将二者分离开来，才能促进两方面同时发展。而运用英语教学学科内容可以较理想地达到整合这两个方面的目的。

语言课程的设计者和教材的编写者在设计阶段面临的两个问题就是内容（包括哪些项目）的选择和排序（如何排列这些项目）。在传统的教学方法中，不少方法如语法翻译法、听说法，它们通常按照语法的难易程度编写，如一般现在时比其他时态更容易学习，在教材的编写和教学中自然处于优先学习的地位，根据此原则编写的教材及在教学中都把容易学习的内容放在初学阶段。然而，内容型教学法颠覆了传统方法中内容的选择和排序原则，彻底放弃了以语言标准作为教学的出发点，而是把内容作为统率语言选择和排序的基础。

以往的教学法常常以分离的、具体的技能课，如语法课、写作课、听说课的形式进行教学。内容型教学法试图在整合听、说、读、写四项基本技能的同时，将语法和词汇教学包含于一个统一的教学过程之中。由于语言交流的真实情景，以及语言的交互活动涉及多种技能的协同，派生了这项教学原则。同样，内容型语言教学反对在课堂上主张先听说、后写作的教学顺序。它没有固定的、一成不变的技能教学顺序，相反它可从任何一种技能出发。可以看出，这一原则是由内容决定的，影响教学项目的选择和顺序。

1. 内容型英语教学模式的特点

内容型教学法旨在将与学生直接相关的和他们感兴趣的内容融入教学之中。从这个简单的定义可知，与学生直接相关和他们感兴趣的内容不但包括学生日常生活中会共同面对的问题，而且也包括他们学习的其他科目的内容。事实上，学生学习的学科内容更应该合理地整合于英语教学中，以促进学生的思维和语言能力的整体发展。

首先，内容型英语教学模式的主要特点在于对“内容”的强调和利用。“内容”可以满足语言教学多方面的目的。一方面，它为英语课堂教学提供极其丰富的教学情境，教师可以利用这些内容呈现、解释语言的具体特征。另一方面，实验证明，富有挑战性的“内容”是语言习得成功的基础。无论是克拉申（Krashen）的“可理解性输入”理论，还是维果茨基（Vogotsgy）的“最近发展区”理论，都强调综合的、富有挑战性的、略高于学习者当前语言水平的内容输入。因此，把内容输入置于特殊的地位是当前内容型教学法普遍实践或实验的趋势。

其次，内容型教学法的内容选择不以教学课时为基本单位，通常一个单元的内容都会超出单个课时。事实上，内容型语言教学的教学内容单元往往长达几周课时，甚至更长。

2. 内容型英语教学模式的分类

（1）主题模式

主题模式通过主题形式来组织教学。这些主题内容主要来自学生学习的其他科目，或者与他们的兴趣和生活密切相关的内容。主题教学是为了实现教学内容、教学方法的突破，解决英语教学中长期难以解决的矛盾。主题教学模式强调学习语言所表达的意义，但并不忽视对于语言形式的学习。学生通过主题的建构学习有关社会生活的知识，通过细节环节，学习词、短语、句型和语法知识，从而把意义与形式有机地结合起来。实现教师引导与学生自主学习的统一。教师的职责在于创造学习的语境，并给予正确的引导与示范。教师把以主题为主的认知结构的建构、拓展和深化的任务交给学生，这样就从真正意义上培养了学生的自主性，实现学生跨文化交际能力的全面发展。在以主题为中心的英语学习中，学生获得了有关社会、文化和交际方面的丰富知识；在完成围绕主题、话题的交际任务中，学生提高了以听、读、写为基础的跨文化交际能力，培养了自身的素质，发展了个性，在自主性的学习中学生找到了自我价值，实现了自我超越。英语教学以主题为线索，按主题—话题—细节的步骤，使学生逐步建立较为完整的反映主观与客观世界及社会交际需求的知识系统。

（2）附加模式

附加模式是指语言教师和学科内容教师同步教授相同的内容，但是他们的教学重点和教学目的不同。语言教师的教学重点在于语言知识教学，完成语言教学目标；而负责学科内容的教师重点在于学科内容的理解上。例如：一个英语教师和一个心理学教师都以心理学内容进行教学，其中英语教师将心理学材料作为英语语言课程的内容，其教学目的是提高学生的英语使用能力；而心理学教师的教学目标是完成心理学学科内容的教学。因此，在英语教师的课上，学生的主要任务是通过对富有挑战性的内容的理解和吸收，从而较快地理解难度较大的内容，并在语言教师的指导下，快速学会语言。

3. 内容型英语教学模式的优缺点

（1）优点

①促进学生智力的发展。迄今为止，交际法是最重视英语教学中语言形式与内容密切结合的方法。但是，由于交际法没有摆脱教学法由来已久的“内容自由”选择的传统，仍然以语言的功能或者意念形式选择内容。这样一来，语言本身既充当内容，又是教学的中介，很容易造成课堂内短期的循环现象，即教学的中心一段时间在内容上，一段时间在一些具体的语言结构上。但是，不同的内容要求不同的思维方式，不同的思维方式需要不同的教学内容。也就是说，不同的语言内容会引起学习者不同的认知过程，单一的、以结构为组织原则的教学不能满足学生学习时认知能力发展的需要。因此，多元的、丰富的学科内容成为语言教学的核心，成为发展学生认知能力的一种选择。随着时代的发展，英语教学的目的越来越趋向于使语言教学成为人类发展的重要因素，成为人类思维能力、语言能力发展的条件。沉浸式语言教学的研究表明，在第二语言的学习中，学习者普通认知技能的发展和学习者母语语言表达能力同等重要，获得语言能力（语音、词汇、语法、语义、功能意义）和认知过程（理解、分析、应用、综合、评价）之间存在密不可分的关系。问题的关键是，不同的思考方式要求不同类型的语言内容。因此，通过激发学习者对内容的兴趣，从而在发展思维的同时促进语言能力的发展。

②提高学生的高级学习策略。学生的学习策略也会在思维的发展中得到提高，如学习推导的策略远比找出同源词难度更高。翻译、重复、惯用语的使用等都是学习者在学习语言早期容易掌握的策略。但是，在内容缺

乏的环境中，他们常常被禁锢于狭隘的语言结构知识情景中，很难发展，如运用、监控、推导等高级策略，而这些高级策略才是成功学习一门语言的条件。卡明斯（Cummings）曾经研究了语言情境和认知难度对语言学习的影响。他发现认知难度大的任务驱使学习者发展不同的思考方式，而且这些任务与情境密切联系。在真实的任务情境中，学生积极参与意义协商，在遇到不理解的信息时，学生会积极提供反馈。在这种情况下，大量的副语言特征和情境信息共同支持语言的发展。此时，语言将得到最大限度的支持。当情境和认知难度都降低或减少时，学生对语言意义的理解和成功解释信息的能力只能依靠语言本身的知识，如分析句法结构、寻找同源词等。情境丰富的语言学习环境为学生提供大量语言的、元语言的、超语言的材料，它们在学生进行信息加工的过程中意义重大。母语就是在认知难度和语言情境丰富的环境中习得的。然而，我们的英语教学与母语学习的条件相反，常常处于认知难度和情境缺乏的环境和状态下。因此，其教学效果自然不难想象。

③提供大量的支持语言发展的材料。例如，语言的、元语言的、超语言的情景内容可以大大提高对语言的感知力和理解能力，从而加速语言的发展。丰富的内容知识可以培养学生良好的学习策略；低级的策略，如翻译、重复、背诵等不足以满足英语思维能力发展的需要；高级的策略才是语言学习的成功条件。另外，对内容的敏感也会提高对语言背景图式知识的认识，以及对语法、词汇等语言系统知识的认识。思维能力在对这些知识进行处理的同时获得提高。英语教学必须以不同的内容满足人类的多种思维能力发展的需要。内容的多样性在满足人类的思维发展的同时也能促进语言的发展。可见，内容型教学法通过发展那些与语言结构相关的思维技能发展语言。因为内容与认知方式紧密联系，它要求用一系列具体的概念、观点和语法规则去表达。英语教学法改革从内容入手，一方面可以增加认知难度，促进学生思维能力的发展；另一方面使内容成为发展语言的条件，较大程度地符合英语教学从语言的发展走向人类的发展的总体规律。

（2）缺点

①缺乏实施内容型教学法的教材。目前，内容型教学法在欧美国家的实践还处于探索阶段。由于内容型教学法包含的方法模式和内容体系相当庞杂，很难形成较为统一的教材。单从教学模式而言，内容型教学法就有主题模式、附加模式和遮蔽模式，每一种模式对教材、教学程序和教师知

识结构的要求都不同。要编写容纳多学科内容、符合不同学科内容的教学规律的教材有很大的困难。

②缺乏胜任内容型教学法的师资力量。内容型教学法对师资的要求发生了翻天覆地的变化。首先，不同的学科内容要求教师也具备相应的知识储备，但事实上，很少有教师可以达到这样的要求。其次，不同的教学模式对教师而言具有很大的挑战，他们不但需要具备良好的英语教学知识和技能，还要与其他学科的教师协调、合作，才能完成教学任务，这需要他们改变一直以来把英语看成同其他学科一样是一门独立的学科的思维定式。很显然，内容型教学法对师资的要求远远大于其他教学方法。

总而言之，丰富的学习内容是文化的载体，是语言发展的条件，也是人类思维发展的重要组成部分，因此现代英语教学法要以丰富的学科内容为出发点。为了协调语言内容和意义之间长期存在的冲突，创设新型内容型教学模式不但可以促进人的整体发展，还能彻底改变以往各种教学法流派偏于语言、忽视内容的“两张皮”的做法，改变“为教语言而教学”，为“工具性目的而教学”的教学法定位，从而走向“为人的整体发展而教学”的转变。

四、我国高职英语教学模式改革现状

（一）现有教学模式的问题

面临信息社会与知识经济时代的到来，传统教学模式已明显地暴露出了固有的弊端。例如：单一的教学手段；教师“一言堂、满堂灌”的教学方法；教材内容的陈旧滞后，教学与科研生产相分离；教师知识结构的老化等。传统型教育模式必然要受到以下三个方面的冲击与挑战。一是缺乏竞争意识，无法抗拒市场经济的冲击。市场经济的全球化正在影响着人才的走向，而经济竞争即是对人才的竞争。二是封闭式的教学弊病无法抗拒知识经济的挑战。现今社会已进入知识经济主导下的“学习革命”时代，学校教育与社会实践开始要为社会创造效益，且学生毕业走上就业岗位后仍需不断地学习。三是传统型教学模式不能像现代教学方式一样充分利用高速网络与信息传输技术、高新的教学设施、先进的教学手段和现代化的教学环境。

近年来，人们对高职英语教学改革的呼声越来越大，高职英语教学低效费时的弊端日益受到人们的关注。为了促使我国高职英语教学改革，提高高职英语教学的效率，必须先对高职英语教学中存在的问题进行探索。

我国学生从小学到中学、高职，甚至到硕士、博士，将大量的时间和精力投入英语学习中，特别是从举行全国四、六级统考以来，高职英语教学受到了空前的重视。但是，我国学生英语的整体水平不高。虽然目前各高职英语教学条件、设施都得到了较大的改善，学校领导、教师及学生都付出了较大努力，但始终没能获得应有的成果："聋子英语""哑巴英语"的帽子始终戴在学生头上。另外，对于非英语专业的学生来讲，学习英语的目的多是为了应付英语四、六级考试，一旦过关就把英语抛到脑后。当然也有一些学生对英语学习非常重视，将大量精力放在英语学习上，即使花费了不少时间，但是真正遇到外国人时还是说不清，别人也听不懂，种种问题的确很让人无奈。

学生英语水平普遍不高与英语教学的方式存有很大关联。在课堂上，教师一直讲，学生一直听、记笔记，却害怕开口、害怕提问。下课后，学生也只是背单词、背笔记、做机械性的训练。这样完全没有启发式的教学，使得学生既无法提高对英语学习的兴趣，也无法提高英语成绩。

1．应试教育的制约

应试教育是传统英语教学模式的一个基本目标。它与素质教育的根本区别在于"考试观"的不同。考试主要有两种功能：评价功能和选拔功能。在"应试教育"思想的长期影响下，人们更加看重考试的选拔功能。比如，高职英语四、六级考试早已成为高职英语教学的指挥棒，通过率是评价学校及教师的一个主要标准。这又使四、六级考试的应试性特点得到了强化，使得考试失去了其应有的作用，提高学生英语应用能力的目标得不到落实。事实上，语言学习应该做到：多听、多说、多读、多写，特别是多背。语法知识固然很重要，但获得英语的"语感"更加重要，这就需要背诵。没有背诵，也就失去了英语学习的"脊梁骨"。不仅是背单词，更重要的是背诵课文。而英语四、六级考试的题型主要是选择。这就是学生将大量的时间花在了背语法、词汇，做大量模拟试题上的原因。学生更加看重答案的标准性、唯一性，不愿意诵读课文，忽视了课堂上的讨论和交流，从而在心理上很排斥交际活动，过分依赖教师的讲解，逐渐丧失了思考、质疑、创新的能力。虽然具备了较强的应试技巧，但交际素质很低。此外，传统的英语教学模式是单调乏味的。它严重制约了英语教与学两方面的积极性。教师在课堂上习惯地采用以讲授为中心的、单向的、非交际的“满堂灌”教学方法，使得原本应当生动活泼的学习过程变得死气沉沉。在这种呆板、单一的教学模式中教师机械地讲，学生被动地听，课堂教学无法活跃和互动起来，学生的语言交际能力得不到提高。这样的教学过程一味简单的重复，也就失去了新奇性。对学生来说，他们原本处于被动地位，如果接受知识的过程始终单调乏味，课堂学习效率就很难提高。

2. 教学模式和教学手段单一

目前，我国英语的教学模式存在呆板和落伍的问题，主要体现在两个方面。首先，我国的英语教学仍沿用传统的模式。在英语教学中，教师不但要向学生传授必要的语言知识，还应该启发和引导学生运用所学进行广泛的阅读和参加其他交际类实践活动。但是，在相当长的一段时间里，我国的英语教学一直都采用“书本加黑板”的教学模式。这种模式不仅忽略了教与学之间的关系，而且忽略了英语教学其根本目的是要培养学生的交际能力。此外，学生出现了独立运用语言能力差、对教师依赖性强、“高分低能”等现象，导致很多学生“只会考试、不会实践”。

其次，教学手段单一落后。随着现代技术的发展，在教学中出现了很多现代化的教学手段，使学生可以在更广泛的范围内接触和学习英语。但从实际情况来看，现代教育技术在英语教学中的应用还是不够。尽管一些学校使用了诸如多媒体、网络等教育手段，但实际效果并不理想。这一方面是学生数量多与现代化设备相对少之间产生的矛盾，从而在整体上缺乏多媒体学习环境所导致的；另一方面也与学校乃至英语教师本身不重视现代教育技术的真正作用，致使很多现代化教育设备无法发挥其训练和实践的功用。可见，要激发学生对英语学习的兴趣，提高他们综合运用英语的能力，必须改革英语教学手段，优化学生的学习环境。

（二）高职英语教学模式改革的必要性

1. 英语教学模式改革需要寻找新定位

近年来，英语教学改革已取得了明显成效：标准建设和教学方法取得了重大进步；充分利用现代信息技术特别是网络技术，构建基于课堂和计算机的高职英语教学新模式；项目建设取得了重大进展；教师队伍建设取得了重大进步。但是必须看到，英语教学模式改革还存在很多不容忽视的问题：教学模式相对单一；高职生英语综合应用能力不强；高职生英语学习的积极性、主动性、创造性不强；教师业务水平和教学能力有待提高等。如何解决这些问题是高职英语改革的新目标。

2. 课程建设的必要性

以学术英语和研究性学习为新定位的高职英语教学模式改革已经引起了国内外专家的重视。学习者需求的变化和市场经济的变化导致英语教学正在同传统的英语教学方法决裂。英国文化委员会在一项大型英语调查中得出结论："将来的英语教学是越来越多地与某一个方面的专业知识或某一个学科结合起来"。在日本，高职英语课程已从"学习英语"转向了"用英语学习"；在中国香港，高职英语学分主要在学术英语上。高职英语教学正悄悄地从单纯基础语言培养向实用能力（包括与专业有关的英语能力）培养转移。因此，课程建设的必要性越发凸显。

首先，可以给高职英语模式改革带来新的动力。当前高职英语课程教学主要问题在于高职英语教学仍然以普通基础英语为主要教学内容，不具备实用性和社会交往性，无法适应经济发展的需要，课堂教学内容与就业需要关联不大，无法形成学生主动学习的内驱力；教学方法落后、教学模式陈旧，很少甚至没有注重学生的自主性、主体性、实践性；教师和学生都无法从宏观上充分看到英语学习的即时价值和意义，容易把语言学习和社会、经济发展剥离开来。因此，以培养学生学术书面和口头汇报能力为目标的高职英语"研究型"课程可以给高职英语改革带来新动力。

其次，可以满足新一代高职生对高职英语课程的需求。高职英语课堂上学生沉默，学习懈怠，以及出现课上不学、课后上培训班的现象，主要是因为现有高职英语的课程设置和授课方式没能很好地迎合新时代学生的需求。"00 后"新生代在网络和多媒体环境下长大，他们用于日常交际的英语能力较过去的高职生有很大进步。但是他们的应用能力较弱，双语和全英语专业课上听课、要点记录、观点陈述等方面，以及原版教材和专业文献阅读，论文及摘要撰写等方面语言能力欠缺。《高职英语课程教学要求》提出了实施基于计算机和网络的教学模式，强调了培养高职生英语综合应用能力的重要性。因此，应针对新一代高职生同一时间能承担多重任务，又能通过感官学习，反馈快速等特点，调整教学定位，为社会培养能熟练使用外语的高素质技术人才。

最后，可以推进教师职业化进程。提高人才培养水平，最根本的是提高教师质量；提高高职英语教学质量，最根本的也是提高教师教学水平。尽管近年来高职英语教师队伍建设取得了稳步发展，但这支队伍的业务水平和教学能力还不能完全适应高职英语教学模式改革的新要求，表现在观念陈旧、教师角色转变慢等问题上。因此，在新课程体系建设的背景下，教师必然要更新观念、转变角色，提高学术水平和教学水平。

（三）高职英语教学模式改革的策略

1. 转变教学观

现代教学观主张以教师为主导、以学生为主体、以就业为导向，实现培养目标和培养规格，并以现代新技术为支撑的教学观点。采用以网络技术为依托的实验手段，依靠计算机、多媒体和远程通信技术，对教学内容、教学组织形式进行彻底变革。利用网络教学、双向教学、远程教学拥有的软件资源，开发学生智力，培养自我学习与探索新知识的能力。

现代教学观主张教学、科研和应用有机结合。以现代信息技术为依托，以科研促进教学与应用。开拓新知识，增强科研意识，提高师生的实践创新能力。以研究带动应用，其重点与难点在于探索问题、研究解决问题与成果应用三个环节。前者必须具有应用意识，后者则必须具有相应的实践技能。

2. 转变课程观

教学内容和课程体系的改革应遵循以下基本原则：必须反映当今社会的生产力水平及科技新成果，有利于促进生产力发展；要反映人才培养目标和规格需要；要体现近代文化、科技创新；要精选教学内容，因材施教，以利于学生能力的培养与可持续发展。

课程的设置与内容的选取：以社会需求为目标，以应用能力的培养为主线，设计相应的培养方案，构建相应的课程与教学内容，基础理论课程以应用为目的，实践教学应占有较大的比例，着重培养学生的应用能力。

3. 转变教学方法

由传统方式向互动式转变。传统教学把重点放在“什么是什么”的事实类知识的传授上，学生只能处于被动的地位，并过分依赖于教师的讲授，缺乏对知识结构的深入探讨。互动式教学是以动态问题为主，启发学生主动思考、积极参与，教师的主导作用是知识的引导与教学的组织，并将教师的主导思想，转化为学生自主的学习行动，从而获得好的教学效果。

由封闭式向开放式转变。以现代高科技信息技术为依托，将以学校为主的传统封闭式教学转变为开放式教学，通过校园内外的网络开通多媒体教学、空中课堂、网上教学，及时获得新的知识。信息高速公路的实现必将成为最理想的开放式教学手段。

由理论教学向实践教学转变。传统教学着重于课堂教学，并强调理论的系统性和完整性。着重于实践课教学，使学生拥有充分的时间进行实训以掌握技术要领，尽快地提高学生的实践能力。

采用因材施教的分层次个性化教学手段。各高职院校大量扩招，导致在校学生人数多，大课教学目前还普遍存在。在此情况下，协同学习是一种很好的弥补方式，课堂讨论学习的方式，使学生之间学会交流、合作、竞争，以此基础上积极创新环境，发现学生个性，分层次、分阶段地实施教学，逐步完成因材施教的个别化教学。

4. 转变教师知识观

教师要树立继续学习、终身学习的思想。教师不能只满足于现有的知识水平，而应不断学习，更新知识结构，使自己处于学科的前沿。教师还必须承担一些具有创新性的研究课题。通过对课题的研究和探索，加深自己对专业知识的理解，力争成为本学科的学术骨干。教师也应当深入生产实践，走产学研相结合的道路，在生产实践中获得足够的经验，力争成为“双师型”教师。

（四）高职英语教学模式改革的发展方向

1. 教学观念的创新性和前瞻性

注重知识的专题性、前沿性、开拓性及对现状的把握和前瞻，以现代信息技术为依托，重点放在实践教学上，以社会需求和培养应用型人才为目标，以创新为目的。

2. 教学内容的互补性和实用性

在高职教学中将系统教学与专题研究、理论教学与实验教学、研究与应用紧密结合，而教学内容的选取是以社会需求为目标、以技术应用能力的培养为主线，突出实用性，重在培养学生独立发现问题、解决问题的思维和实际操作能力。

3. 教学方法的直观性和科学性

应利用传统的挂图、模型、幻灯片、投影仪等教具，还应充分利用现代科学技术手段，如网络、多媒体资源，综合了计算机、图形、图像处理、电子技术、影视艺术、音乐美术、教育学、心理学、教学法等诸多学科与技术，集文字、图形、图像、声音、视频、影像、动画等各种信息于一体，使抽象、深奥的信息知识简单化、直观化，缩短了客观事物与学生之间的距离，充分调动了视觉、听觉能力，从而集中了学生的注意力，提高了掌握知识的能力。

4. 教学模式的职业定向性

无论是德国的双元制还是我国的习而学的教学模式，或是能力本位的教学模式，都以社会需求为目标，以某一岗位群为目标来组织教学，培养学生的职业能力，因此教学模式具有明确的职业定向性。

5. 教学能力的知识性

将基础教学与应用教学、传授知识和研究新课题结合起来，并立足于学科的前沿，培养出符合时代需求的创新型人才。

同时也要求教师不断更新知识，力求在教学中做到“新、博、独、深、精”。“新”，即用新观念、新思想、新方法，讲授新内容，使学生有耳目一新之感；“博”，即知识渊博，讲授内容广博，信息量大，使学生广学博收；“独”，即用独特的方法，讲授独到的见解，培养学生独立思考、独立研究的能力；“深”，即深入讲授、深入探索、深入研究，有意识地培养学生探索和研究问题的意识及信息调研的能力；“精”，即精心准备、精心实施、精讲多练，使学生易学、易记、易用。

总之，培养新世纪的高等职业人才，需要有全新的思想观念，优化的课程体系和高水平的师资队伍，课堂教学要以社会需求为目标。我们每一位从事高职教育的教师，都必须以提高学生的实际应用能力为目标，认清高职英语教学改革的必然性，从教学观念、教学内容、教学方法、教学模式和教师知识结构等方面深入探究。

第三章　高职英语教学模式改革的理论基础

在高职学校的所有课程中，英语课程是非常重要的。对英语的熟练掌握，可以让学生的语言交际能力相应提高，有利于学生的继续学习和就业。改革英语教学模式，有利于学生更好地掌握英语知识。本章分为建构主义理论、情境认知理论、人本主义学习理论、教学系统设计理论四部分，主要内容包括：建构主义的发展概述、建构主义的基本理论、情境认知理论的内涵与教学策略、人本主义学习理论的主要观点与教学方法及教学系统设计理论。

第一节　建构主义理论

一、建构主义的发展概述

建构主义理论是20世纪80年代兴起的一种新的认知理论。在此基础上发展而来的建构主义学习理论是众多心理学家和教育学家在吸收维果茨基、加涅（Gagnez）、皮亚杰（Piaget）、布鲁纳（Bruner）等思想的基础上进行探索和总结的成果，是认知主义学习理论的进一步发展。总的来说，建构主义认为学习者是主动地建构知识，而不是被动地接受知识，他们强调学习的主动性、社会性和情境性，强调学习者在学习过程中主动参与、自主学习和主动建构的重要性，以及教师在教育过程中起组织者、引导者、促进者的作用。

建构主义既是一种认知理论，又是一种学习哲学，可以说它是对传统认识论具有革命性挑战的理论。建构主义又译作结构主义，建构主义理论一个重要的概念是图式。图式是指个体对世界的知觉理解和思考的方式。

也可以把它看作是心理活动的框架或组织结构。图式是认知结构的起点和核心，也可以说是人类认识事物的基础。因此，图式的形成和变化是认知发展的实质，认知发展受三个过程的影响：即同化、顺应和平衡。建构主义的最早提出者可追溯至瑞士的皮亚杰。他是认知发展领域最有影响的一位心理学家，他所创立的关于儿童认知发展的学派被人们称为日内瓦学派。皮亚杰认为，儿童是在与周围环境相互作用的过程中，逐步建构起关于外部世界的知识，从而使自身认知结构得到发展。儿童与环境的相互作用涉及两个基本过程："同化"与"顺应"。同化是指把外部环境中的有关信息吸收进来并结合到儿童已有的认知结构中，也就是个体将受外界刺激所提供的信息整合到自己原有认知结构内的过程；顺应是指外部环境发生变化，而原有认知结构无法同化新环境提供的信息时所引起的儿童认知结构发生重组与改造的过程，也就是个体的认知结构受外部刺激的影响而发生改变的过程。同化是认知结构数量的扩充，而顺应则是认知结构性质的改变。认知个体通过同化与顺应这两种形式来达到与周围环境的平衡：当儿童能用现有图式去同化新信息时，他处于一种平衡的认知状态；而当现有图式不能同化新信息时，平衡即被破坏，而修改或创造新图式（顺应）的过程就是寻找新的平衡的过程。儿童的认知结构就是通过同化与顺应过程逐步建构起来的，并在"平衡—不平衡—新的平衡"的循环中得到不断的丰富、提高和发展。

杜威（Dewey）的经验性学习理论也对建构主义产生了重要影响。杜威强调，教育必须建立在经验的基础之上。教育的实质就是经验的改组和经验的改造。学生是从经验中发现问题，并由问题推动他们去探索新知识、产生新观念。从现实来看，建构主义是针对传统教学的诸多弊端而提出的。有人认为，在传统教学中学生习得的知识存在不完整、不灵活等缺陷，无法在需要的时候加以运用，也无法在新的情境中有效迁移。如何缩小学校学习与现实生活之间的差距，实现广泛而灵活的学习迁移，这是建构主义所关心的核心问题之一。

在皮亚杰的"认知结构说"的基础上，科恩伯格（Kernberg）对认知结构的性质与发展条件等方面做了进一步的研究；斯腾伯格（Stemberg）和卡茨（Katz）等人强调个体的主动性在建构认知结构过程中的关键作用，并对认知过程中如何发挥个体的主动性做了认真的探索；维果茨基提出的"文化历史发展理论"，强调认知过程中学习者所处社会文化历史背景的作用，并提出了"最近发展区"的理论。维果茨基认为，个体的学习是在一定的历史、社会文化背景下进行的，社会可以为个体的学习发展起到重要的支持和促进作用。维果茨基将个体发展区分为两种水平：现实的发展水平和潜在的发展水平。现实的发展水平是指个体独立活动所能达到的水平，而潜在的发展水平则是指个体在成人或比他成熟的个体的帮助下所能达到的活动水平，这两种水平之间的区域即“最近发展区”。在此基础上以维果茨基为首的维列鲁学派深入地研究了“活动”和“社会交往”在人的高级心理机能发展中的重要作用。这些研究虽然在侧重点上存在差别，但他们对知识与学习的看法几乎相同，或者说可以互补，都使建构主义理论得到了进一步的丰富和完善，为将建构主义实际应用于教学过程创造了条件。

二、建构主义的不同取向

建构主义本身并不是一种学习理论流派，而是一种理论思潮。目前它仍然处于不断发展的过程中，存在着不同的取向。在现有的各种建构主义思潮中，对教育实践具有较大影响的主要是以下四种理论。

（一）激进建构主义

这是在皮亚杰思想基础上发展起来的建构主义，以冯·格拉塞斯费尔德（Von Glaser-sfeld）和斯泰费（Steffe）为代表。激进建构主义有两条基本原则：首先，知识不是通过感觉被个体被动地接受的，而是由认知主体主动地建构起来的，建构是通过新旧经验的相互作用而实现的；其次，认识的机能是适应自己的经验世界，帮助组织自己的经验世界，而不是去发现本体论意义上的现实。激进建构主义者相信，世界的本来面目是我们无法知道的，而且也没有必要去推测它，我们所知道的只是我们的经验。所以冯·格拉塞斯费尔德认为，应该用“生存力”来代替“真理”一词，只要某种知识能帮助我们解决具体问题，或能提供关于经验世界的一致解释，那它就是适应的，就是有“生存力”的，不要去追求经验与客体一致。为了适应不断扩展的经验，个体的图式会不断进化。所有的知识都是在这种个体与经验世界的对话中建构起来的，而这要以个体的认知过程为基础。激进建构主义以这些思想为基础，深入研究概念的形成、组织和转变，其研究之深入是各家建构主义中独一无二的，但这种建构主义主要关注个体与其物理环境的相互作用，对学习的社会性则不够重视。

（二）社会建构主义

与激进建构主义不同，社会建构主义是以维果茨基的理论为基础的建构主义，以鲍尔斯费尔德（Bauersfeld）和科布（Cobb）为代表。它也在一定程度上对知识的确定性和客观性提出了怀疑，认为所有的认识都是有问题的，没有绝对优胜的观点，但它又比激进建构主义稍温和。它认为世界是客观存在的，对每个认识世界的个体来说是共通的。知识是在人类社会范围里建构起来的，又在不断地被改造，以尽可能与世界的本来面目相一致，尽管永远无法达到一致。另外，它也把学习看成是个体建构自己的知识和理解的过程，但它更关心这一建构过程的社会性的一面。它认为知识是个体与物理环境的相互作用内化的结果。在此过程中，语言等符号具有极为重要的意义。学习者在自己的日常生活、交往和游戏等活动中，形成大量的个体经验，这可以叫作“自下而上的知识”。它从具体水平向知识的高级水平发展，走向以语言实现的概括，具有理解性和随意性。而在人类的社会实践活动中则形成公共文化知识。在个体的学习中，这种知识首先以语言符号的形式出现，由概括向具体经验领域发展，所以也可以称为“自上而下的知识”。儿童在与成人或比他成熟的社会成员的交往活动（特别是教学活动）中，在他们的帮助下，解决自己还不能独立解决的问题，理解体现在成人身上的“自上而下的知识”。然后，儿童以自己已有的知识为基础，使之获得意义，从而把“最近发展区”变成现实的发展。社会建构主义认为，上述过程是儿童知识经验发展的基本途径。

（三）社会文化取向

社会文化取向与社会建构主义有很大的相似之处，它也受到了维果茨基的影响，也把学习看成是建构过程，关注学习的社会方面。但它又与后者有所不同，它认为心理活动是与一定的文化、历史和风俗习惯背景密切联系在一起的，知识与学习都是存在于一定的社会文化背景中的，不同的社会实践活动是知识的来源。所以，它着重研究不同文化、不同时代和不同情境下个体的学习和问题的解决等活动的差别。社会文化取向借鉴文化人类学的方法，研究一定文化背景下的个体为达到某种目的而进行的实际活动，并认为这些实际活动是以一定的社会交往、社会规范、社会文化产品为背景的。个体以自己原有的知识经验为基础，通过一系列的活动，解决所出现的各种问题，最终达到活动的目标。学习应该像这些实际活动一样展开，在为达到某种目标而进行的实际活动中，解决遇到的实际问题，从而学习某种知识。学生在问题的提出及解决中都处于主动地位，而且在其中可以获得一定的支持。这种观点提倡师徒式（又称为“学徒式”）教学，就像工厂中师傅带徒弟那样去教学。

（四）信息加工建构主义

信息加工理论不属于严格意义上的建构主义。它认为认知是一个积极的心理加工过程，学习不是被动地形成“刺激—反应”联结，而是包含了信息的选择、加工和存储的复杂过程。在此意义上，信息加工理论比行为主义大大前进了一步。但是，信息加工理论假定信息或知识是事先以某种形式存在的，个体必须首先接受它们才能进行认识加工，那些更复杂的认识活动也才得以进行。虽然信息加工理论指出了已有的知识在新知识获得中的作用，但它只是强调原有知识经验在新信息的编码表征中的作用，而忽略了新经验对原有知识经验的影响。

信息加工建构主义比信息加工理论前进了一步。虽然它仍然坚持信息加工的基本范式，但完全接受了“知识是由个体建构而成的”观点，强调外部信息与已有知识之间存在双向的、反复的相互作用。新经验意义的获得要以原有的知识经验为基础，从而超越所给的信息，而原有经验又会在此过程中被调整或改造。但这种观点并不接受“知识仅是对经验世界的适应”的原则，所以信息加工建构主义也往往被称为“温和建构主义”。斯皮罗（Spiro）等人的认知灵活性理论就是一种这样的建构主义。

客观地说，建构主义不仅是一种心理学思潮，更是一种哲学、文化学和教育学的取向，因此也有学者将建构主义划分为哲学建构主义、社会学建构主义和教育学建构主义。由于不同的建构主义者所持的建构主义理念有所不同，也有学者将其划分成激进建构主义和温和建构主义。不过，在教育心理学领域，更多的学者主张将建构主义划分成认知建构主义和社会建构主义两大类。其中，认知建构主义也称个人建构主义，强调个体自身在知识建构中的作用，主要以皮亚杰的发生认识论为基础，包括冯·格拉塞斯费尔德的激进建构主义和斯皮罗等人的认知灵活性理论等；社会建构主义也称文化建构主义，强调社会互动、历史文化在个人知识建构中的重要作用，主要以维果茨基的社会历史观为基础，包括上述的社会建构主义、社会文化取向和情境认知等。

三、建构主义的核心特征

夏尔（Shall）曾提出建构性学习应具备的四条核心特征，即积极的、建构性的、累积性的、目标定向的。之后又有学者补充了建构性学习的另两个核心特征：学习的诊断性与反思性。由此总结出建构性学习的六条核心特征。

（一）积极的学习

建构主义认为，学习应该是积极的，因为当学生为了用有意义的方式学习教材而对输入的信息进行加工时，他们必须做一定的事情。20 世纪初，杜威认为真正的理解是与事物怎样动作及事情怎样做有关的，理解在本质上是联系动作的，因此“教育基于行动”也就是“做中学”。维果茨基关于“心理发展的文化历史学说”的一个重要的理论假设，就是“人的心理过程的变化与他的实践活动过程的变化是同样的”，由此提出接受文化中介的个体活动是儿童心理发展的基础，是教育过程的基础，而一切教育的艺术则应该归结为引导和调节这一活动。无论是杜威的“做中学”，还是维果茨基的“活动与心理，发展统一”的观点，或是在此基础上发展起来的各种建构主义学习理论，都强调了学习者在建构性学习中的积极作用。

（二）建构性的学习

学习是建构性的，因为学习者在学习中必须对新信息进行加工整理并将其与其他信息关联起来，以便让学生在掌握简单信息的同时，理解复杂信息。建构主义理论认为建构主义是一种学习的哲学，是了解世界的方式；还认为，人的建构性的学习方式是与真实的本质、知识的本质、人的交互作用的本质及科学的本质相关的。真实的本质是指心智的表征具有“真实的”本体状态，也就是外部的世界；知识的本质则强调知识是由个人建构的，它存在于人的头脑之中；人的交互作用的本质则指个人在知识的建构中必须依靠意义的共享与协商，人际关系最基本的形式应该是合作而不是权威性的命令或控制；科学的本质是在于这是伴随着人的活动的一种带有一定偏见和通过一定滤镜的意义制定活动。以上这四种本质作为了解学习方式的建构性特征。

（三）累积性的学习

学习是累积性的。在建构主义的学习中一切新的学习都是以决定学什么、学多少、怎样学的方式建立在学习积累的基础上的。比如，在解决问题的学习中，总要有一个原有知识的激活阶段，再通过同化或顺应过程重建新知识与原有知识结构之间的联系，使认知发展从一个平衡状态进入另一个更高的发展平衡状态。在建构主义的学习中，知识的累积是必要的，但这并不是知识的简单叠加，而是对原有知识的深化、突破与超越。

（四）目标定向的学习

建构主义的学习是目标定向的，因为学习者只有清晰地意识到自己的目标并形成与获得所希望的成果相应的预期时，学习才可以是成功的。值得注意的是，建构主义学习中的目标指引不同于由外部目标驱动的传统学习与教学。首先，学习的目标形成于学习过程的内部，由学习者自己设定。其次，学习目标的形成与学习过程中产生的真实任务有关。在解决真实任务的过程中，学习者始终面对的是结构不良的或定义不完善的问题领域，因此真正的学习目标只能产生于学习过程的内部，产生于学习者与教师、教学内容、学习环境的相互作用之中。而且，在学习的进程中，学习者可以从学习的需要出发，对初始目标进行分解或将其转换为其他目标。在建构主义学习中，学习目标起着整体的导向作用，在动态的学习过程中应鼓励学习者确立自己的目标，通过不同的途径达到目标并评定自己在达到目标过程中获得的进步。

（五）诊断性学习与反思性学习

以诊断性与反思性作为建构主义学习的核心特征意味着：学习者必须进行自我监控、自我测试、自我检查等活动，以诊断和判断他们在学习中所追求的是不是自己设置的目标。诊断与反思是建构主义学习评价的重要组成部分。这一评价的目的在于更好地根据学习者的需要和不断变化的情况修改和提炼自己的策略。这种源于建构观的评价应该较少使用强化和行为控制工具，而较多使用学习者的自我分析和元认知工具。通过诊断和反思进行的建构主义的评价应该是审视建构过程的一面镜子，它所面对的是动态的、持续的、不断呈现的学习过程与学习者的进步。

以上是建构性学习的六条核心特征，具有所有这六条特征的学习显然是典型的建构主义学习。这六条特征并不是不同程度的建构性学习的所有实例实现的必要条件，而应当将它们视作建构性学习的典型特征，是建构性学习最重要的，因而是核心特征。

四、建构主义的学习理论

虽然不同的建构主义理论在具体观点上有很大的差异，但是它们在有关知识、学生、学习和教学等基本问题上还是存在一些共识的。下面我们就来探讨建构主义学习理论中形成的共识与基本观点。

（一）知识观

建构主义者在一定程度上质疑知识的客观性和确定性，强调知识的动态性，这主要体现在以下三个方面。一是知识不是对现实的准确表征，只是一种解释、一种假设。知识不是问题的最终答案，它会随着人类的进步而不断地被“革命”，并随之出现新的假设。二是知识并不能精确地概括世界的法则，不能拿来便用，一用就灵，而是需要针对具体情境进行再创造。三是知识不可能以实体的形式存在于具体、个体之外，尽管我们通过语言符号赋予了知识一定的外在形式，甚至这些命题还得到了较普遍的认可，但这并不意味着学习者会对这些命题有同样的理解。因为这些理解只能由个体基于自己的经验背景而建构起来，取决于特定情境下的学习历程。

建构主义的这种知识观虽然过于激进，但它向传统的教学和课程理论提出了挑战，值得我们深思。按照这种观点，课本知识只是一种关于各种现象的较为可靠的假设，而不是解释现实的“模板”。科学知识包含真理性，但不是绝对正确的最终答案，它只是对现实的一种更可能正确的解释。更重要的是，这些知识在被个体接受之前，对个体来说是毫无权威可言的。因此，不能把知识作为预先决定了的东西教给学生，不要用我们对知识正确性的强调作为让个体接受它的理由，不能用科学家、教师、课本的权威来压服学生。学生对知识的“接受”只能靠他们自己的建构来完成，以自己的经验、信念为背景来分析知识的合理性。学生的学习不仅是对新知识的理解，而且是对新知识的分析、检验和批判。另外，知识在各种情况下并不是简单套用，具体情境总有自己的特异性。所以，学习知识不能满足于教条式的掌握，而是需要不断深化，把握它在具体情境中的复杂变化，使学习走向“思维中的具体”。

辩证唯物主义认识论认为，知识是人脑对客观世界的属性及其联系的能动的反映。建构主义者承认这一点，但他们反对机械的“反映论”，强调个体的能动性。建构主义认为，知识并不是客观的，而是主观的，是由个体在实践活动中通过主动建构而获得的对客观世界的一种经验、解释和假设。知识不可能以实体的形式存在于个体之外，不同的个体会依据自己的经验背景对相同的命题进行不同的建构，学习者只有通过主动建构才能获得知识。在这种知识观的指导下，建构主义者对学习和教学提出了许多崭新的见解，这些见解给传统的学习和教学带来了巨大的冲击。

（二）学生观

建构主义者完全否定心灵白板说，强调学生经验世界的丰富性和差异性。建构主义者强调，学生并不是空着脑袋走进教室的。在日常生活中，在以往的学习中，他们已经形成丰富的经验。小到身边的衣食住行，大到宇宙、星体的运行，从自然现象到社会生活，他们几乎都有一些自己的看法。而且，有些问题即使他们还没有接触过，没有现成的经验，但当问题一旦呈现在面前时，他们往往可以基于相关的经验，依靠他们的推理和判断能力，形成对问题的某种解释。并且，这种解释并不都是胡乱猜测的，而是从他们的经验背景出发而做出的合乎逻辑的假设。

为此，教学不能无视学生的原有经验，直接从外部装进新知识，而是要把学生现有的知识经验作为新知识的生长点，引导学生从原有的知识经验中“生长”出新的知识经验。教学不是知识的传递，而是知识的处理和转换。教师不是简单知识的呈现者，他们应该重视学生对各种现象的理解，倾听他们的意见，洞察他们这些想法的由来，并以此为根据，引导学生丰富或调整自己的理解。这不是简单的“告诉”就能奏效的，而是需要与学生共同针对某些问题进行探讨，并在此过程中相互交流和质疑，了解彼此的想法，彼此做出某些调整。同时，由于经验背景的差异，学生对问题的理解常常各异，他们可以在一个学习的共同体中相互沟通、相互合作，对问题形成更丰富的、多角度的理解。因此，学生经验世界的差异本身便构成了一种宝贵的学习资源。教学就是要增进学生之间的合作，使学生看到那些与自己不同的观点，从而促进其进行有效的学习。

建构主义强调学生是具有极大可塑性的个体，教师要用发展的观点认识学生。首先，把学生看成是发展中的人。学生发展有其规律，熟悉不同年龄阶段的学生身心发展特点，并依据其规律开展教育，是促进学生身心健康发展的前提。教师要认识到每位学生都有巨大的发展潜能，要注重对这些潜能的开发。其次，把学生看成是独特的人。每位学生都有自己独特的内心世界，精神生活和内在感受。学生在兴趣、动机、需要、气质、性格、智能和特长等方面各不相同，珍视学生的独特性和培养独特的人，应成为我们对待学生的基本态度。最后，学生与成年人之间有着巨大差异，学生的观察、思考、选择和体验，都和成人有明显不同，所以成年人不能用成人的角度观察孩子，不能用成人的标准要求孩子。

（三）学习观

学习是一个积极主动的建构过程。学生能够根据原有认知结构主动地和有选择地知觉外在信息，建构其意义学习。这种建构是无法由他人来代替的。学习意义的获得，是每个学习者以自己原有的知识经验为基础对新的信息进行编码，建构自己的理解。并且，原有知识又因为新经验的进入而发生调整和改变，学习过程不只是信息的输入、存储和提取，而是新旧经验之间的双向的相互作用的过程。

学习既是学习者个人的建构活动，同时也是学习共同体的合作建构过程。个体的建构活动要在一定的社会文化背景中进行，而且必须与学习共同体的建构相结合。学习者的合作，既能使个体的理解更加丰富和全面，又可以使知识达到必要的一致性。

建构主义认为，既然知识不是客观存在的，而是个体通过主动建构获得的，那么学习不是被动地接受信息的过程，而是主动地建构意义，即根据自己的经验背景，对外部信息进行主动选择、加工和处理，从而获得自己的意义的过程。建构包括两个方面：一方面是对新信息的意义的建构，另一方面是对原有经验的改造和重组。任何学科的学习和理解都不像在白纸上画画，学习总要涉及学习者原有的认知结构。学习者总是以其自身的经验来理解和建构新的知识或信息。正如古宁汉（Cunningham）所言，“学习是建构内在的心理表征的过程，学习者并不是把知识从外界搬到记忆中，而是以已有的经验为基础，通过与外界的相互作用来建构新的理解。”

虽然皮亚杰和布鲁纳早期的思想中已经有了建构的思想，但他们的认知学习观主要在于解释如何使客观的知识结构通过个体与之进行的交互作用而内化为认知结构。而当今的建构主义者主张世界是客观存在的，但是对于世界的理解和赋予意义却是由每个人自己决定的。所以，建构主义者更关注如何以原有的经验、心理结构和信念为基础来建构知识，重视学习的主动性。

以上述知识观和学生观为基础，建构主义理论进一步认为，学习的过程具有以下三个基本特点。

1. 主动建构性

建构主义认为，学习不是由教师向学生传递知识，而是学生建构自己的知识的过程；学生不是被动的信息接受者，而是信息意义的主动建构者，这种建构不可能由其他人代替。学习是个体建构自己的知识的过程，这就意味着学习是主动的，学生不是被动的刺激接受者，他们会对外部信息进行主动的选择和加工，因而不是行为主义所描述的“刺激—反应”过程。而且，知识或意义也不是简单地由外部信息决定的。外部信息本身没有意义，意义是学习者通过新旧知识经验间反复的、双向的相互作用过程而建构成的。学习并不简单是信息的积累，它同时包含由于新旧经验的冲突而引发的观念转变和结构重组。学习过程并不简单是信息的输入、存储和提取，而是新旧经验之间的双向的相互作用的过程。因此，建构主义与认知主义的信息加工论有所不同。

2. 社会互动性

传统的观点把学习看作每个学生单独在头脑中进行的活动，往往忽视学习活动的社会情境，或者将它仅仅看作一种背景，而非实际学习过程的一部分。建构主义者强调，学习是通过某种社会文化的参与而内化相关的知识和技能、掌握有关的工具的过程，这一过程常常要通过一个学习共同体的合作互助来完成。学习共同体的主要特征：一是强调共同体各个成员所具有的多元化的知识、技能优势，这可以使每个人都对团体目标做出有价值的贡献，从而得到认可和尊重；二是共同体有共同的目标，即围绕共同关注的问题推动集体性知识的持续发展；三是在学习活动上强调个人发展与共享性的知识建构活动的统一，强调成员之间知识、技能的共享和综合，强调学习资源的共享，强调成员之间实现学习过程的透明化；四是强调学习共同体对学习过程的自我管理，而非教师的主导性控制。教师作为学习共同体的组织者、促进者，其核心责任是设计和组织以学习共同体为中心的学习活动。

建构主义的学生观认为，学习共同体的协商、互动和协作对知识建构有重要的意义，这主要体现在以下三个方面。一是知识的分布和共享。通过小组协作的形式对活动任务进行分解，每个小组成员负责不同侧面的子任务，这样学习小组就可以共同进行单个学生无法完成的复杂探究任务。围绕某个探究主题，小组中的每个学生都成为某方面的“专家”，他们彼此交流探究成果，分享经验感受，共同贡献于集体任务，达到共同建构知识的目的。二是认知整合和思想改进。通过协作互动，学习者可以表达多元化的理解，在学习共同体中进行交流争论，从而达到观点整合和思想改进。这有助于激发学生的深入思考和批判性反思，帮助他们建构起更深层次的知识，发展多视角的理解。三是思维的外显化和精致化。为了和他人交流、共享自己的想法，学生必须首先将自己的思路及观点明确化，并提供足够的证据支持，进行自我解释。这样，学生的知识和思维策略都被外显化和精致化了，这有利于促进学生的反思监控，提高思维和学习活动的质量。

3. 情境性

传统的教学观念对学习基本持“去情境”的观点，认为概括化的知识是学习的核心内容，这些知识可以从具体情境中抽象出来，让学生脱离具体物理情境和社会实践情境进行学习，而所习得的概括化知识可以自然地迁移到各种具体情境中。但是，情境总是具体的、千变万化的，抽象概念和规则的学习无法灵活适应具体情境的变化，因而学生常常难以灵活应用在学校中获得的知识来解决现实世界的真实问题，难以有效地参与社会实践活动。据此，建构主义提出了情境性认知的观点。

建构主义认为，知识是不可能脱离活动情境而抽象地存在的，学习应该与情境化的社会实践活动结合起来，这主要体现在以下三个方面。一是知识存在于具体的、情境性的、可感知的活动之中。概念知识不是一套独立于情境的知识符号，它只有通过实际应用活动才能真正被人所理解。二是人的学习应该与情境化的社会实践活动联系在一起，就如同手工作坊中师傅带徒弟一样。学习者通过对某种社会实践的参与而逐渐掌握有关的社会规则、工具、活动程序等，形成相应的知识。在实践情境中所生成的实践性知识是现实世界最强有力的智慧，该知识体现在实践共同体成员的活动和文化之中，学习者通过参与该共同体的社会实践而逐渐形成这种知识。三是学习和理解的关键是形成对具体情境中的“所限”和“所给”的调适，即学习者能理解该情境中的限制规则，理解在社会互动和实践活动中存在的“条件—结果”关系，从而能对自己的活动过程及其结果做出预期。学习者要洞悉情境中所提供的支持条件，以及它们分别可以支持哪些可能的活动和交往方式。

五、基于建构主义教学理论的教学策略

（一）教学观

建构主义强调教师的教学是“为了每位学生的发展”，应以学生为中心。创设学生学习活动的情境，包括学习活动的组织、学习者心态分析、课堂文化的建设、心理氛围的营造及个人幸福的关注等方面的内容。

教学不能无视学习者的已有知识经验，简单强硬地从外部对学习者实施知识的“填与灌”，而是应当把学习者原有的知识经验作为新知识的生长点，引导学习者从原有的知识经验中，生长新的知识经验。教学不是知识的传递，而是知识的处理和转换。教师不单是知识的呈现者，不单是知识权威的象征，而是应该重视学生对各种现象的理解，关注他们的看法，思考他们这些想法的由来，并引导学生丰富或调整自己。

（二）教学原则

建构主义理论强调以学生为中心，要求学生由外部刺激的被动接受者和知识的灌输对象转变为信息加工的主体、知识意义的主动建构者。为此，建构主义理念下的教学活动要求教师由知识的传授者、灌输者转变为学生主动建构意义的帮助者、促进者。在建构主义学习环境下，教师和学生的地位与作用和传统教学相比发生了很大变化。建构主义理念下的教学原则可以概括为以下几个方面的内容：其一，在课堂教学中使学习任务与日常活动或实践的内容一致；其二，精心设计学生学习的情境和学习环境，使学生在学习结束后能解决相似的环境下出现的问题；其三，给予学生解决问题的自主权，教师的作用是激发学生的思维，培养他们独立解决问题的能力；其四，支持学生对学习内容与学习过程进行反思，鼓励学生在社会背景中审视自己的观点，发展学生自我管理的能力，促使学生成为自主的学习者。

（三）教学设计

建构主义理念下的教学设计，特别注重以下几个方面的问题。

1. 强调学生的主体地位

建构主义强调以学生为中心，认为学习过程要充分发挥学生的主体性、主动性和创造性。因此，教师在教学中要创造机会，安排时间让学生进行深入探讨，不断修正自己对问题的认识，引导学生运用他们现有的知识和技巧去思考问题，解决问题。

2. 强调知识意义的主动建构

建构主义教学理念反对把学生看成是知识的被动接受者，反对以讲授为主要形式的传统教学方式，强调学习者对知识的主动建构。因此，建构主义强调以学生为中心的学习环境的构建，目的是充分调动学生在学习中的积极性和主动性，培养学生的自主学习能力，以及独立分析问题和解决问题的能力。

3. 强调学习情境的创设

建构主义认为知识的意义建构不可能凭空产生，它是以丰富的学习情境为载体。学习情境既能通过教师精心地构建获得，也可以直接来源于现实世界。学生在实际的环境或模拟的环境中去实现知识的意义建构。情境教学能启发学生利用自己已有的知识结构中的经验去理解、同化和建构新的知识，赋予新的知识以某种意义。当原有经验不足以同化新知识时，更需要创设新的学习情境，令学生能对原有的认知进行改造与重组，以顺应认知结构，完成新的知识意义的建构。

4. 强调学习者之间的协作和会话

建构主义教学理念认为，学生与学习环境的交互作用，对于学习内容的理解起着关键的作用。这种交互作用包括学生与情境、学生与教师、学生与学生之间的互动。因此，教师应当创造条件在教学中开展交流和讨论活动，使各小组内的成员能够共同分析信息、研究问题、取得共识；在小组活动的基础上，进一步组织小组之间的交流与协商。同时，在教学过程中要注意营造合作学习的环境，让整个学习群体（包括老师和每一位学生）共同完成所学知识的意义建构，调动每一位学生的积极性和主动性，高效率地完成教学内容，这对学习技能较弱的学生尤其能起到很好的激励作用。

（四）教师的角色定位

教师的角色是学生建构知识的忠实支持者。教师的作用不再是传统的知识传递的权威，而是成为学生学习的辅导者，成为学生学习的高级伙伴和合作者。教师的角色不是重在讲授，而是重在给学生提供复杂的真实问题。作为教师不仅可以开发或发现这些问题，而且必须认识到复杂问题有多种答案，鼓励学生提出解决问题的多重方法。教师必须创设一种良好的学习环境，激发学生在这种环境中通过实验、独立探究、合作学习等方式来展开他们的学习。教师必须保证学习活动和学习内容保持平衡。教师必须提供学生元认知工具和心理测试工具，培养学生评判性的认知加工策略，以及培养学生建构和理解知识的心理模式。教师应认识教学目标包括认知目标和情感目标。教学应是逐步减少外部控制、增加学生自我控制学习的过程。

教师应是学生建构知识的积极帮助者和引导者。教师要善于激发学生的学习兴趣，激发和维持学生的学习动机；引导激励学生思考，引导学生构建正确的学习方式。通过创设符合教学内容要求的情境和提示新旧知识之间联系的线索，帮助学生建构当前所学知识。为使学生的意义建构有效，教师应尽可能地组织协作学习，并要对协作学习过程进行引导，使之朝有利于意义建构的方向发展。

在教学中，每一个学生都是一个独立的个体，都有其独立的人格特点和发展潜力，教师要尊重每个学生的个性，发挥其特长，注重因材施教，帮助学生自主创造、自主发明、自主学习，塑造他们的自信心和成就感。教师的角色是教学活动的设计者、组织者、指导者、帮助者，在整个教学活动中要以学生的学长、朋友的身份帮助和引导学生学习，教学设计和教学实践都必须符合学生的实际情况，积极为学生创造有利的学习条件和环境，满足学生的学习需求。

（五）教学特点

在建构主义理念指导下的教学活动，具有以下鲜明的特点。

1. 课堂要素的多元化

在建构主义理念下，课堂教学不仅包含传统的三大要素——教师、学生、教材，还包括教学目的、方法、环境和评价等诸多要素。此外，随着社会现代化程度的提高，以及计算机、多媒体和网络等信息技术的普及，课堂教学中引入了现代教学技术。同时，教学更强调人文化和社会化，提倡不仅是在课堂传授知识，而且可以在社会上的各个环境中进行，这大大拓宽了教学环境的范围和教育的视野。

2. 师生关系的民主化

建构主义理念认为，良好的师生关系是教学活动发生的前提，是影响教学成效的一个至关重要的因素，对学生认知和情感领域的发展同样起着制约作用。建构主义理念的教学要求教师和学生之间形成全渠道的交往和互动模式，教师与学生之间、学生与学生之间应该是多向度的交往和互动，从而真正实现了个体主动和群体互动。

3. 课堂教学的情境化

在建构主义教学理念下，要求教师在教学过程中要为学生的学习创设与生活中的实际情况相类似的情境，并以帮助学生解决实际问题为目的。从知识结构上看，则要求弱化学科界限，强调学科的交叉和知识的综合；从教学方法上看，要求教师提出问题并引导学生进行探索性、研究性、发现性的学习；从教学手段上看，提倡应用计算机和互联网技术进行辅助教学，借助现代信息技术为学生虚拟“现实情境”。

4. 课堂教学的交互性

建构主义学习理论重视教学中师生之间、学生之间及人与环境之间的社会性互动作用，而这种社会性互动作用的集中表现应该是教与学的交互性。这种交流主要表现在两个方面：第一，实现有效的互动，教师提出的问题与创设的情境与学生可能遇到的现实问题密切相关；第二，师生的交流应是双向的，在学生研究和探讨教师设计的问题的过程中，教师应给予及时有效的反馈，以促进学生的学习进程和学习效果。

（六）常见的教学方法

1. 支架式教学

支架式教学的理论来源于苏联著名心理学家维果茨基的“最近发展区”理论。维果茨基将“最近发展区”定义为儿童独立解决问题时的实际发展水平（第一个发展水平）和教师指导下解决问题时的潜在发展水平（第二个发展水平）之间的距离。它认为在儿童智力活动中，对于所要解决的问题和原有能力之间可能存在差异。通过教学，教师可以帮助儿童消除这种差异。换句话说，儿童的第一个发展水平与第二个发展水平之间的状态是由教学决定的，通过教学可以创造最邻近发展区，促进学习和认知的发展。因此，教学绝不应该消极地适应儿童智力发展的已有水平，而应当走在发展的前面，不停地把儿童的智力从一个水平引导到另一个新的更高的水平。建构主义教育学者从维果茨基的这一理论出发，借用建筑行业中使用的“脚手架”作为上述概念框架的形象化比喻，其实质是利用上述概念框架作为学习过程中的脚手架，对学习的过程给予支持和帮助。如上所述，这种框架中的概念是为了发展学生对问题的理解能力。

2. 抛锚式教学

这种教学要求建立在有感染力的真实事件或真实问题的基础上。这类真实事件或问题被形象地比喻为“抛锚”，因为一旦这类事件或问题被确定了，整个教学内容和教学进程也就被确定了，就像轮船被锚固定一样。建构主义认为，学习者要想完成对所学知识的意义建构，达到对该知识所反映事物的性质、规律及该事物与其他事物之间联系的深刻理解，最好的办法是让学习者到现实世界的真实环境中去感受和体验，通过获取直接经验来学习，而不是仅仅聆听别人关于这种经验的介绍和讲解。由于抛锚式教学要以真实事例或问题为基础，所以有时也被称为“实例式教学”或“基于问题的教学”。

3. 随机进入教学

由于事物的复杂性和问题的多面性，要做到对事物内在性质和事物之间相互联系的全面了解和掌握，达到对所学知识完整而深刻的意义建构是非常困难的。为克服这方面的弊病，就要在教学中注意对同一教学内容，在不同的时间和情境下，带着不同的学习目的，以不同的方式加以呈现。换句话说，学习者可以随意通过不同途径、不同方式进入同样教学内容的学习，从而获得对同一事物或同一问题的多方面的认识与理解，这就是所谓的“随机进入教学”。显然，学习者通过多次“进入”同一教学内容，将能达到对该知识内容比较全面而深入地掌握。这种多次“进入”，不是为巩固一般的知识、技能而实施的简单重复。这里的每次进入都有不同的学习目的，都有不同的问题侧重点。因此，多次“进入”的结果，绝不仅仅是对同一知识内容的简单重复和巩固，而是使学习者获得对事物全貌的理解与认识上的飞跃。

建构主义的教学方法尽管有多种不同的形式，但是这些方法又有其共性。学习者的意义建构是在建构主义的学习环境下进行和完成的，而建构主义的学习环境包含情境、协作、会话和意义建构四大要素。因此，上述各种教学方法的实施，均受到这些要素的制约。它们的教学环节中都包含情境的创设，以及协作学习和会话环节的实施，并在此基础上由学习者自身最终完成对所学知识的意义建构。

第二节　情境认知理论

一、情境认知理论的基本内涵

情境认知理论来源于1992年的美国，属于继行为主义中的刺激和反应学习理论后的又一学习模式。这种理论要求教师在学习过程中为学生建立相应的情境，并且开展各种各样的实践活动，或者为学生布置一些任务，让学生通过自主或者合作的方式完成，这样便能强化学生的学习。人的认知是建立在实践活动中的，所以实践过程也属于知识的构建过程，获取知识和实践探究之间有着紧密的联系。因此，教师需要在情境认知理论的基础上，为学生设置各种各样的活动情境。尤其是在高校英语翻译中，更需要设置真实的社交情境，使得学生在实践过程中形成系统的知识体系，不但能提高学生的英语素养，也有利于学生形成一定的社交能力、语言应用能力。

布伦特（Brent）在其论文《理论与实践中的情境认知》中认为，情境认知是不同于信息加工理论的另一种学习理论。他试图纠正认知的符号运算方法的失误，特别是完全依靠于规则与信息描述的认知，仅仅关注有意识的推理和思考的认知，忽视了文化和物理背景的认知。诺曼（Norman）认为，人类的知识和互动不能与这个世界分割开来。情境和人们从事的活动是真正重要的，我们不能只看到情境，或是环境，也不能只看到个人。另外，真正起作用的是人和环境的相互协调，所以只把重点放在孤立的方面是破坏互动，是抹杀情境对认知和行动的作用。研究者认为，认知科学家惯用“情境认知”，因为他们对个体和社会层面的认知更感兴趣，并希望从人工智能、心理学传统和个体认知出发对情境认知进行研究，以期引起心理学界的关注。毕竟，情境认知与人工智能、神经科学、语言学和心理学等所有与理解个体心理直接有关的领域紧密结合。事实也是如此，情境认知已经成为认知学习理论的重要组成部分，成为认知科学的一个分支。

威廉姆（William）在其论文《情境学习指南》中认为，情境学习不仅仅是一种使教学必须“情境化”或“与情境密切相关”的建议；情境学习是有关人类知识本质的一种理论，研究人类知识如何在活动过程中建构和发展。该理论认为知识不是一件事情或一组表征，也不是事实和规则的堆集，而是一种动态的建构与组织，正如我们想象着什么事情要发生在我们身上，我们要谈什么和做什么一样，我们的行为建立在我们作为社会成员的角色之上；知识还应是人类协调一系列行为的能力，去适应动态变化发展的环境的能力。特别是，我们在一个基本的社会情境中对我们的活动进行构想，进而限制我们的思维和言行。换言之，我们的行为深深植根于我们作为社会成员的角色之中。所以在情境学习理论看来，知识是基于社会情境的一种活动，而不是一个抽象具体的对象；知识是个体与环境交互作用中建构的一种交互状态，不是事实；知识是人类协调一系列行为去适应动态变化发展的环境的一种能力。

笔者认为《MIT 认知科学百科全书》是在自然情境下对认知进行的研究。这一观点强调：个体心理常常产生于构成、指导和支持认知过程的环境之中，认知过程的本质是由情境决定的，情境是一切认知活动的基础。这一理论还认为，心理与环境的互动不仅发生在高度机械的任务中，也发生在一些日常任务之中。因此，认知心理学必须关注“自然界中的认知”，只有在自然界情境中，才能真正描绘出人类认知的性能和局限。也有研究者将情境认知与情境学习通称为“情境性理论”。然而，心理学和人类学对此有不同的看法。前者关注认知，学习者是学校中的学生，分析单位是情境性活动，互动的结果是意义，学习场所是学校，学习目标是为未来的任务做准备，教育学的运用是实习场的创设；而后者关注个体与共同体的关系，学习者是实践共同体中的成员，分析单位是共同体中的个体，互动的结果是意义、身份与共同体，学习场所是日常生活世界，学习目标是满足即时的共同体的社会需求，教育学的运用是构建实践共同体。

二、基于情境认知理论的教学策略

一是认知学徒制。认知学徒制是由美国认知心理学家柯林斯（Collins）等人于 1989 年提出的一种教学模式或学习环境。它是一种非常有效的教学模式和学习环境，能促进学习者高级思维技能的获得和知识的迁移。它强调学生与社会实践活动的互动性参与，通过在实践中逐步对知识进行社会化构建，就像是手艺学徒制。高校中的教育活动按照该模式实施教学，要求教师以导师或者是师傅的身份，对学生进行示范性教学或者是指导性教学，让他们获得相应的知识和技能。

二是实例式教学。该教学模式大多时候被称作抛锚式教学，这种教学模式要求学生参与到实际环境中感受与体验问题，而不仅是局限于经验的间接介绍与讲解。在实际的教学情境中一旦具体确立了一个问题，整体的教学内容与教学进度也就被确定了。在教学活动中，它是教师通过创建情境—查找问题—合作解决问题—教学效果最终评价，让学生在问题的查找与解决的过程中实现对知识的获得的策略。该教学模式要求教师在设置问题时应准确得当，并积极指导学生进行思考。

三是交互式教学。该教学模式强调教师与学生的互动和合作，也就是要求教师和学生共同对教学问题进行探究，在解决问题的过程中获得知识的教学方法。它体现出教学活动中“教”“学”的密切合作，需要将学生探究学习的积极性和主动性充分发挥出来。

第三节　人本主义学习理论

一、人本主义学习理论的发展概述

人本主义心理学兴起于20世纪五六十年代的美国，强调自然人性，关注人的需要和自我实现，把自我实现归为人类潜能的发挥。人本主义心理学既反对行为主义把人等同于动物，只研究人的行为，不理解人的内在本性，又批评弗洛伊德只研究神经症和精神病人，不考察正常人心理，因而被称之为“心理学的第三种运动”。

人本主义心理学的主要哲学基础，则是西方现代哲学中的人本主义思潮，尤以现象学和存在主义为根本。美国心理学家罗伊斯（Reuss）和莫斯（Mauss）指出：“在人本主义心理学内部，现象学的影响与存在主义的影响是相当分明的。现象学对人本主义心理学的影响相对来说更为系统，而且在心理学学科内的影响也更广泛、更明显。无疑地，这部分也有赖于业已形成的格式塔研究传统及在欧洲精神病学和心理学中受人敬重的现象学传统。存在主义观点特别与精神病学及心理治疗的实践相关，它在人本主义心理学内部获得了存在主义人本主义心理学称号”。存在主义是现代西方人学中的时代精神和主要思潮。在反对客观主义和极端决定论，突出

“以人为中心”的研究主题，强调人的主体性和主观性，强调自由、价值、选择、责任、自我、情态诸方面的研究上，存在主义给人本主义心理学提供了理论支柱，成为人本主义心理学的主要哲学基础。

人本主义于20世纪70年代至20世纪80年代迅速发展，其学习观和教学观在一定程度上颠覆了传统的教育思想。该学派的主要代表人物是马斯洛（Maslow）和罗杰斯（Rogers）。马斯洛的主要观点：对人类的基本需要进行了研究和分类，将之与动物的本能加以区别，提出人的需要是分层次发展的；他按照追求目标和满足对象的不同把人的各种需要从低到高安排在一个层次序列的系统中，最低级的需要是生理的需要，这是人所感到要优先满足的需要。罗杰斯的主要观点：在心理治疗实践和心理学理论研究中发展出人格的“自我理论”，并倡导了“患者中心疗法”的心理治疗方法。人类有一种天生的“自我实现”的动机，即一个人发展、扩充和成熟的趋力，它是一个人最大限度地实现自身各种潜能的趋向。

二、人本主义学习理论的主要观点

（一）自然人性论与需要层次理论

人本主义者坚持自然人性论，反对社会人性论。他们认为，人是自然实体而非社会实体，人性来自自然，自然人性即人的本性。例如，马斯洛认为，自然主义的心理价值体系可以从人自身的本性中派生出来，而无须求助于自身以外的权威；凡是有机体都具有一定的内在倾向，即以有助于维持和增强机体的方式来发展自我的潜能；人的基本需要都是由人的潜在能量决定的。

人本主义者认为，自然人性不同于动物的自然属性，人具有不同于动物本能的“似本能”。马斯洛于1943年提出“需要层次理论”，他将人的本能需要由较低层次到较高层次依次分为以下五点。①生理需要。这是人类生存最基本、最原始的本能需要，如摄食、喝水、睡眠、求偶等。②安全需要。安全需要是生理需要的延伸。人在生理需要获得适当满足之后，就产生了安全的需要，包括生命和财产的安全不受侵害，身体健康有保障，生活条件安全稳定等。③社交需要。社交需要是指感情与归属上的需要，包括人际交往、友谊、为群体和社会所接受和承认等。④尊重需要。尊重需要包括自我尊重和受人尊重两种需要，前者包括自尊、自信、自豪等心理上的满足感，后者包括名誉、地位、不受歧视等满足感。⑤自我实现的需要。这是最高层次的需要，是指人有发挥自己的能力与实现自身的理想和价值的需要。后来，马斯洛在尊重需要和自我实现需要之间又补充了求知和审美两种需要。

（二）自我实现论与内在学习论

人本主义者认为，人的成长源于个体自我实现的需要，自我实现的需要是人格形成、发展、扩充、成熟的驱动力。马斯洛认为，所谓自我实现的需要就是“人对于自我发挥和完成的欲望，也就是一种使他的潜力得以实现的倾向”。人格的形成就是源于人性的这种自我的压力，人格发展的关键就在于形成和发展正确的自我概念。

人本主义者认为，学习是个人潜能的充分发展，是人的自我实现，是人格和人性的形成与发展。马斯洛曾指出：学习的本质是发展人的潜能，尤其是那种可使人成为一个真正人的潜能；学习要在满足人最基本的需要的基础上，强调学习者自我实现需要的发展；人的社会化过程与个性化过程是完全统一的。因此，他把“自我实现”作为教育的最终目的，认为教育在根本上就是为了开发潜能，完善人性，使学习者成为完整的人。

（三）有意义的自由学习观

有意义学习指的是一种能使个体的行为、态度、个性及个体在未来选择的行动方针发生重大变化的学习。罗杰斯的有意义学习和奥苏伯尔（Ausubel）的有意义学习是有区别的：前者关注的是学习内容与个人之间的关系；而后者则强调新旧知识之间的联系，只涉及理智，不涉及个人意义。罗杰斯的有意义学习以学生的经验生长为中心，以学生的自发性和主动性为学习动力，融合了学生的愿望、兴趣和需要，使学生以积极投入的方式参与到学习当中，因而学习效率较高。罗杰斯认为，如果让儿童自己去学习，则速度快且不易遗忘，并具有实际意义，而当用一种只涉及理智的方式来“教”他们时，情况就不同了，因为后者不涉及个人意义，只是与学习者的某个部分（如大脑）有关，与完整的人无关，所以儿童不会全身心地投入这种学习中去。罗杰斯对传统教育持激进的批判态度，他认为在课堂学习中有很大一部分内容对学生来说是无个人意义的。此外，传统的学校教育把儿童的身心分开了，儿童的心到了学校，躯体与四肢也跟着进来了，但他们的情感与情绪只有在校外才能得到自由表达的机会。这种教育只涉及心智，而不涉及情感与个人意义，是一种“在颈部以上发生的学习”，与完整的人无关。

自由学习是罗杰斯所倡导的学习原则之一。他从人本主义的学习观出发，认为能够影响个体行为的知识，只能是他自己发现并加以同化的知识。教师的任务不是教学生学习知识（这是行为主义者所强调的），也不是教学生如何学习（这是认知主义者所重视的），而是为学生提供各种学习的资源，提供一种促进学习的氛围，让学生自己决定如何学习。罗杰斯对传统教育中教师的角色问题进行了猛烈的批判，认为在传统教育中，“教师是知识的拥有者，而学生只是被动的接受者；教师通过讲演、考试等方式来支配学生的学习，使学生无所适从；教师是权力的拥有者，而学生只是服从者”。因此，他主张废除“教师”这一角色，代之以“学习的促进者”。

（四）人本主义的教学观

“知情统一”的教学目标观。人本主义者认为，行为主义将人类学习混同于一般动物学习，不能体现人类本身的特性，而认知心理学虽然重视人类的认知结构，却忽视了人类的情感、价值观、态度等最能体现人类特性的因素对学习的影响。在他们看来，情感和认知是人类精神世界中两个不可分割的有机组成部分，彼此是融为一体的。要理解人的行为，必须理解他所知觉的世界，即必须从行为者的角度来看待事物。要改变一个人的行为，也必须首先改变其信念和知觉。人本主义者特别关注学习者的个人知觉、情感、信念和意图，认为它们是导致人与人的差异的“内部行为”，因此他们主张教学要“知情统一”。例如，罗杰斯的教育理想就是要培养“躯体、心智、情感、精神、心力融汇一体”的人，也就是既用情感的方式也用认知的方式行事的情知合一的“完人”或“功能完善的人”。

“以学生为中心”的教学过程观。人本主义者认为，人的潜能是自我实现的，而不是教育的作用使然。在环境对教育的作用问题上，他们认为，虽然“弱的本能需要一个慈善的文化来孕育他们，使他们出现，以便表现或满足自己”，但是归根到底，“文化、环境、教育只是阳光、食物和水，但不是种子”，自我潜能才是人性的种子。他们认为，教育的作用只在于提供一个安全、自由、充满人情味的心理环境，帮助个体发现与他的真正的自我更相协调的学习内容和方法，促使学生实现其固有的潜能。因此，他们主张在教学过程中应“以学生为中心”，让学生成为学习的真正主体，这是“自我实现”的教育目的的必然产物。教师在教学中应重视学生的情感体验，创设能促进学生学习的良好的心理氛围，并帮助学生了解学习内容的意义和价值，建立学习内容与学习者个人之间的联系，指导学生在一定的范围内自行选择学习的材料，激发学生从自我倾向中产生学习倾向，培养学生自发、自觉的学习习惯，实现真正意义上的有意义学习。罗杰斯甚至认为，促进学生学习的关键不在于教师的教学技巧、专业知识、课程计划、视听辅导材料、演示和讲解、丰富的书籍等（虽然这中间的每一个因素有时候均可作为重要的教学资源），而在于特定的心理气氛因素，这些因素存在于“促进者”（教师）与“学习者”的人际关系之中。在这样一种心理气氛下进行的学习，是以学生为中心的教学过程，教师只是学习的促进者、协作者或者说伙伴、朋友，学生才是学习的关键。

三、基于人本主义学习理论的教学方法

（一）全身反应法

全身反应法是由美国心理学家亚瑟（Asher）于20世纪60年代初提出的。该教学法继承和发展了帕尔默（Palmer）的通过动作学英语的做法，吸取了心理学中记忆痕迹理论的观点，倡导把语言和行为联系在一起，通过身体动作进行语言教学。

亚瑟认为第二语习得和儿童习得母语的过程有相似的地方。在儿童学习母语时他们最初是通过动作对父母的指令做出反应，小孩学会说话之前已经能听懂成人的指令，所以母语的学习是先理解再表达。亚瑟认为第二语学习也应如此，首先要培养学生的听力，其次再要求学生用口语表达，最后发展读和写的能力。在教学过程中教师首先用目的语发出指令，并运用身体语言进行示范演示，等学生能理解指令后，再让其通过模仿教师的演示完成动作，然后边说边做，从而感知并理解掌握语言。然而亚瑟提出的全身反应法主要来源于儿童母语学习的经验，一般适用于语言学习的起步阶段，不适合于复杂内容的教学，一些比较抽象的概念单词和句子难以用这种方法进行完整准确的表述，造成教师在解释一些抽象事物的时候会遇到很大的困扰。

亚瑟主张以句子为基本教学单位，重视语言内容和意义的理解，提倡整句学习、整句运用，尤其是他认为语言学习应以学习祈使句型为主，其

他的句型需要根据教学任务要求酌情使用，采取这种学习方式可以帮助学生快速理解目的语言，尽快实现语言知识的长时记忆，通过一段时间的积累较好地奠定语言基础，能够有效减轻学习压力，有利于培养学生实际运用语言进行交际的能力。然而过多地使用祈使句型不利于中高水平的学生学习较深层次的教学内容，必须同其他教学方法结合在一起使用。

（二）暗示法

暗示法教学过程分为阅读理解、朗读聆听、配乐听说三个部分。讲授新的课程单元时，教师要先以丰富的表情和肢体动作对相关教学内容和背景知识进行概括介绍，然后播放轻柔的背景音乐，和着音乐的节拍，教师以饱满的激情朗读课文材料，学生在轻松愉快的氛围感染下陶醉于教师的配乐朗诵所营造的语言情境。与此同时，注重听力与口语能力的训练，鼓励教师与学生进行交谈。这样一个轻松的教学情境可以有效激发学生的潜能，使学生产生超强的记忆能力，不知不觉地记忆所学的材料。

暗示教学法的基本观点是以学生为中心，在学习过程中不仅包括有意识活动，还包括无意识活动，既是一种理智活动，也是一种情感活动，强调学习活动的整体性，注重发挥整体的功能，主要基于以下几个方面的理解。

①人具有可暗示性（也可以理解为人的可意会性、可启示性、可影响性）。暗示能力和效果的形成受到很多因素的影响，比如发出暗示的一方和接受暗示的一方在智力结构、社会地位、从事职业、语言能力等方面的差异，如果发出暗示的一方在各方面明显优于接受暗示的一方，那么就会形成较强的暗示能力和效果。

②人具有无意识心理活动。这是一种非理性活动，人在进行理性活动的过程中同时伴随着非理性活动，也是产生暗示效果的重要因素。

③人具有非注意心理反应。在谈话过程中，听话者的注意力大部分是集中在说话者谈论的具体内容上，这就是注意心理反应，同时听话者也常常自觉不自觉地被说话者的语音语调、面部表情、动作姿态等外在因素所吸引，分散了听话者的一部分注意力，这就是非注意心理反应。

④人具有心理上和生理上的各种潜力。学生缺乏信心是最大的心理障碍，要创造轻松愉快的学习氛围和教学情境，以减轻压力，促使人主动挖掘并发挥出自己的潜力，使人产生超常的记忆力、想象力、思维能力等。

（三）沉默法

1. 教师教学要求

沉默法提倡“教”附属于“学”的原则，认为教师的首要任务不是如何设计教案，不是考虑以何种形式向学生讲授课文材料，而是如何鼓励学生进行主动积极的思考和探究，要求教师在课堂上尽量保持沉默，强调课堂教学是以学习者为中心。学生是学习的主体，注重培养学生的自主学习和独立学习的能力，要求学生在学习过程中对自己的学习承担责任，在没有教师干预的情况下自己归纳出语法规律，在教学过程中，教师由知识的讲授者变成了学习的引导者。教学的目的是培养学生综合运用语言的能力，而不是单纯积累知识，所以对一些自主性较差的学生来讲沉默法可能并不适合。沉默法突出强调学生学习的自主性，相对而言忽视了教师主导作用的充分发挥。在教学过程中如果教师对学生在语言表达中出现的比较严重的语音和语法错误不能及时发现和纠正，长期积累下来必然会对学生运用语言的准确性造成很大影响。

2. 教具的运用

充分利用各种简单的、标准的直观教具是沉默法的鲜明特色。其中，最为典型的教具是菲德尔图表、奎茨奈棒等。通过这些教具进行相关教学内容的辅助示范，可以创造一个生动活泼的课堂气氛，帮助学生直观地理解知识的难点和重点，有利于激发学生的好奇心和想象力，有利于培养学生的创新思维能力，从而更快速地掌握所学知识。但是对于语言学习中遇到的一些抽象理论概念和复杂语法结构还必须依赖教师的讲解和示范，仅仅依靠简单的道具，很难系统地学习一门语言。

3. 课堂互动

在沉默法中，教师的作用就是给学生创造一个语言运用的环境。教师根据学生的需求确定课堂活动的内容和形式，鼓励学生尽可能多地运用语言进行表达和交流，充分调动学生的主观能动性，使学生积极参与课堂活动，通过同学互动来达到学习效果，让更多的学生通过大量的语言实践活动掌握外语交际能力。所以沉默法把培养学生的听说能力放在最重要的位置，尤其是即兴讲话的能力，在此基础上进一步培养学生的阅读和写作能力。但是沉默法也存在明显的缺陷，要求教师在课堂中尽量少说话，很少对教学内容做出比较详细的解释说明，也不对教学内容过多重复。当学生出现语言表达错误时，教师不是立即指出，也不是直接予以纠正，而是寄希望于在课堂活动中由其他学生发现并提出改进建议。由于依靠同学来指出自己的错误不但不及时而且还可能并不正确，而依靠学生自己的体会来逐步认识错误在短期内也是无法做到的，导致学生可能分在课堂上的很长一段时间内一直重复错误的发音或语法，浪费学生的学习时间。

第四节　教学系统设计理论

教学系统设计理论是 20 世纪 60 年代首先在西方发展起来的一门新兴的实践性很强的科学，也是日益受到重视、应用范围广泛的多学科研究领域。主要通过对学习过程和学习资源的系统安排，着重创设学与教的系统，达到对教育科技学学科理论体系进行建构，对教育技术学在我国的发展进行反思的目的。

一、教学系统设计的基本概念

20 世纪 60 年代，系统理论和教育、教学相结合，产生了以教学设计为代表的“系统技术（systems technology）”，它不仅使教育技术产生了质的飞跃，也使教育技术成为一门独立的技术与理论相交融的边缘性学科。由于系统技术不仅促进了教育技术理论体系的完善，也对媒体技术的发展产生了直接的指导作用，因此系统技术已经成为教育技术研究的核心。

在系统技术指导下的“教学系统设计”（也称“教学设计”）实际上包含两个层面的研究：一是教学系统设计过程模式的研究，也就是“怎么做”的问题；另一个是教学系统设计理论研究，也就是“为什么”的问题。其中，教学系统设计过程模式是一套程序化的步骤，一般包括四个基本要素：学生、目标、策略、评价。教学系统设计理论是“关于如何设计教学程序的理论”，是一套决定在一定的教学条件下，为了使学生达到特定的教学目标，应该采取什么样的教学方法的系统化的知识体系。它的研究核心是规定达到教学目标的教学方法。也就是说，“教学系统设计过程模式”和“教学系统设计理论”是教学问题研究中密切相关的两个层面：“教学系统设计理论”研究的是“教学问题”，是沿着自下而上的方向进行的理论研究；而“教学系统设计过程模式”是研究“设计过程”的，是沿着自上而下的方向进行的应用研究。由于不同的教学系统需要有不同的教学系统设计过程模式；而不同的教学系统设计模式又需要有与之相适应的教学系统设计理论的指导，所以在教学当中，教学系统设计过程模式和教学系统设计理论是教学研究中不可或缺的两个方面。

“设计”一词随处可见，如建筑设计、服装设计、舞台设计、形象设计等。《现代汉语词典》中对“设计”的解释是“在正式做某项工作之前，根据一定的目的要求，预先制定方法、图样等。”有的学者认为，设计是指“为了解决某个问题，在开发某件产品或实施某个方案之前，所进行的系统而缜密的计划与构思的过程”。可见，设计是指在正式活动（工作）开始之前所做的策划或计划。对“教学设计”一词，不同学者也有不同的理解，归纳起来大致有以下三种观点。

一是“计划”说。把教学设计界定为用系统的方法分析教学问题，研究解决问题的途径，评价教学结果的计划过程或系统规划。这种论点最具代表性的是美国学者肯普（kemp），他给教学设计下的定义：“教学设计是运用系统方法分析研究教学过程中相互联系的各部分的问题和需求。在连续模式中确立解决它们的方法步骤，然后评价教学成果的系统计划过程。”

二是“方法”说。把教学设计看作是一种“研究教学系统、教学过程和制订教学计划的系统方法”。而这种方法与过去的教学计划不同，其区别就在于“现在说的教学设计有明确的教学目标，着眼于激发、促进、辅助学生的学习，并以帮助每个学生的学习为目的”。

三是“技术”说。鲍嵘在《教学设计理性及其限制》一文中认为，教学设计是一种“旨在促进教学活动程序化、精确化和合理化的现代教学技术”。

可见，关于教学设计概念的解说观点并不一致，造成这种分歧的主要原因就是研究者对研究对象关注的视角和取向不同。通过对国内外教学设计概念界定的比较分析可以发现，人们是从以下三个方面来界定教学设计的：一是从教学设计的形态描述来界定，如“计划”说；二是从教学设计的功能来界定，如“方法”说；三是从揭示教学设计本质来界定，如“技术”说。

二、教学系统设计的发展

通常认为，教学设计起源于20世纪40年代，而作为一门正式的学科是在20世纪60年代末至20世纪70年代初，随着系统方法的应用而诞生的。教学设计的发展存在不同的时期或阶段，可以将其划分为自在孕育期、诞生兴起期、正式发展期、转型发展期四个发展阶段。每个阶段都因媒体技术、学习理论、社会历史背景等方面的不同而形成其特点。

20世纪30年代以前，特别是20世纪初期，是教学设计发展的自在孕育期。这段时期，产生了一些重要的理论和著述。美国哲学家、教育家杜威提出了建立一种特殊的“连接或桥梁学科”的构想。这种学科能够把心理学研究与教育教学实践连接起来，主要任务是研究如何设计教学。他的这种构想对教学设计学科的萌发产生了积极的推进作用。现今我国的教学设计教科书也多次提到。

在教学设计的诞生兴起时期，出现了许多相关的理论和著述，这些理论与教学设计密切相关，成为教学设计诞生与兴起的标志和动力。

“第二次世界大战”期间，大量富有培训和实验研究经验的心理学家和教育家，被召集在一起，为军队的培训开展相关的研究和开发培训材料。他们主要致力研究影响培训材料开发的特点，第二次世界大战结束后，许多心理学家将军队中成功的训练方法用来解决教学问题。他们把培训看作是一个系统，并且开发了大量富有创新性的分析、设计、评价方法，如米勒（Millet）开发的详细的任务分析方法论。

在20世纪50年代早期，许多视听教学研究者开始对各种传播理论和传播模式产生兴趣。传播模式的倡导者认为，一个完整的信息传播过程包括信息发送者（信源）、信息接收者（信宿）和通道媒体。因此，在设计传播过程时，应全面考虑构成传播过程的各种要素，而不是仅仅关注媒体要素问题。仅关注媒体问题，正是许多视听研究的局限。

从20世纪50年代中期到20世纪60年代中期，程序教学运动的产生推进了教学设计的应用发展。1954年，斯金纳（Skinner）称他的理想就是要增进人类学习成效，开发有效的教学材料。为此，他提出了程序教学的构想并付诸实践。程序教学的主要思想：教学材料应以“小步子”呈现给学生，学生必须对每个问题做出回答，教学材料要提供及时的反馈和允许学生自定步调。斯金纳在研究过程所积累的试验和修正的方法，实际就是今天的“形成性评价”方法，其开发教学材料的过程、步骤，影响了后续的教学设计模式。

在20世纪60年代初，任务分析、目标陈述和标准参照测试等概念相继兴起，这些概念通常融合在一起，构成教学模式，为系统地开发教学材料服务。最早描述这种设计过程和模式的专家是加涅（Gagne）等人。这些专家运用诸如“教学设计”“系统开发”“系统教学”和“教学系统”等术语来描述他们创造的模式。在这一阶段，巴纳斯（Banas）等人开发了一些教学模式，并应用到实际之中。经过数十年的孕育期，特别是诞生兴起期的发展，使教学设计在20世纪60年代末至20世纪70年代初终于正式成为一门独立的学科。对于这一结论，国内外学者的看法比较一致。荷兰教育技术学家迪杰斯（Dijess）认为，教学设计的构想最初起源于美国，它跟教育技术学密切相关。所谓教育技术学是对待教育的一种观点，该观点起源于20世纪50年代的美国，它把工业制造和系统工程学引入了教育。根据这种观点，教学设计问题的解决方法都可以被概括在一个设计模型中。到20世纪60年代后期，教学设计的研究已经形成一个专门领域。

我国有学者认为，“教学设计学作为一门新兴学科，它用一种解决教学问题的系统方法过程作为基本框架，将许多重要的理论概念加以有机结合，构成一个新的知识体系。”

20世纪80年代以来，教学设计的发展逐渐进入转型发展时期，至今这一过程仍在持续。

第四章　高职英语教学模式改革的具体内容

随着教育教学改革与经济社会的发展，高职英语教育也面临着巨大的挑战，传统的教学模式已经难以满足现代化人才培养需求，亟须对高职英语教学模式进行改革。基于此，本章分为高职英语词汇教学模式的改革、高职英语阅读教学模式的改革、高职英语语法教学模式的改革、高职英语听力教学模式的改革、高职英语口语教学模式的改革、高职英语写作教学模式的改革、高职英语翻译教学模式的改革七部分。主要内容包括：高职英语词汇教学的主要内容、高职英语词汇教学的基本原则、高职英语词汇教学模式改革的策略等。

第一节　高职英语词汇教学模式的改革

一、高职英语词汇教学的主要内容

英语词汇教学的主要内容是什么？在一般的英语教学实践中，词汇教学主要包括有关词形、词义、单词发音和用法的讲解、操练和活动。也就是说，词汇教学就是帮助学生认识、了解和掌握目标单词的词形、词义、单词发音、单词用法等各个方面。著名语言学家哈默（Harmer）对此提出了较为系统的定义。他认为，认识一个单词就意味着对这个单词的意义、用法、相关信息、语法四个方面的认识。

（一）词汇意义

由于母语与目的语之间存在较大的差别，从语义角度上看，一些词汇的含义就其内涵、外延而言在两种语言中有着不同之处。词汇教学的首要任务就是让学生知道所学单词的意思。

一个单词的意义往往离不开语境，特别是在课文中，是受上下文制约的。在教学中，教师应运用各种手段使学生了解语义和语境之间的关系。例如：

make up 编造；组成；化妆

make adifference 有影响；起（重要）作用

make aface 做鬼脸

make apromise 答应；允诺

make off 逃走；偷走

以上都是由 make 构成的词组，然而和不同的单词搭配，在不同的语境中使用，产生了不同的含义。所以，教师应该有意识地引导学生，不要让学生以为一个单词只有固定的含义，否则一旦发生变化，学生就会感到疑惑不解。

在英语中一些近义词意义的辨析，对英语学习者来讲是非常困难的，教师帮助学生辨析这些词义也是词汇教学的一个重要任务，如汉语的“战斗”可以用英文 fight、battle、struggle、war、campaign、combat 等表示，这些词汇总的来说大概意义基本相同，但是词形和具体用法又有差别，学生在学习这些词汇的时候是非常难以辨别的，教师在教学过程中要注意给学生传授和训练同义词、近义词的辨析，及时为学生答疑解惑。

（二）词汇场合

词汇使用场合一般有搭配、习语、短语、语域、风格等，不同的词汇用于不同的场合中；同一词汇在不同的场合之中意义也不同。例如，我们常用 hot 形容温度很高、天气很热，这是书面语中的用法，将其放在口语中，意思就完全不一样了，比如“That is a hot guy.”句中的 hot 的意思是形容一个人身材非常火辣或是长相非常迷人。

（三）词汇信息

词汇信息主要包括词类，词的前缀、后缀，词的发音和拼写等词语的基本信息。这些是学生应该掌握的最基本的词汇内容，掌握这些内容有助于学生正确理解词汇意义，了解词类的构成方法有助于学生记住一类词的拼写。例如，常见的前缀有 de-、dis-、en-等，常用的后缀有-able、-acity、-ing 等，这些词语的前缀、后缀可以和很多词语组合成为意义不同的新词，因此掌握这些变词规则对我们识记单词有很大的帮助。

（四）词汇用法

词汇用法就是各类词的不同用法，如名词的可数和不可数、动词的及物和不及物、及物动词的扩展模式、应接什么样的宾语、不定式还是动名词、能否接从句、能否接复合宾语等。

二、高职英语词汇教学的基本原则

为有效组织词汇教学活动，根据英语教育教学目的和教学规律，在总结教学实践经验基础上及在对照高职英语课程教学要求的基础上，坚持数量与质量统一原则、系统性原则、词汇知识原则、跨文化对比原则、语用原则、直观性原则。

（一）数量与质量统一原则

英语词汇量极其丰富，是一个日积月累、长期发展的结果。对词汇的掌握也应是一个渐进的过程，拼写、语义、用法都要按层次了解，逐步提高，这个提高过程也是词汇教和学在质的方面的发展过程。学生在自然推进的过程中，逐步加深对词汇各个细节方面的认识，尤其是对词的各种意义联系和用法搭配的掌握。词汇学习是一个质与量并举的系统。词汇学习中量的因素包含学生所能达到的词汇量，质的因素包括对词义的正确阐释和使用。二者是一个有机联系的整体，没有词义的正确阐释和使用，词汇的存储和提取就毫无意义，词汇的存储和提取归根到底又是为了语言意义的表达和人际交流。词汇的数量与质量是相辅相成、相互促进的两个方面。对一个词的认知越全面，越有助于学到更多的词，越会将词汇的搭配使用得更加广泛，词汇之间的联系性、系统性认识得到加强，词语的巩固和使用的熟练程度就会提高。

（二）系统性原则

语言要靠长期系统地学习。语言是一个庞大的系统，词汇与语言其他组成部分之间、词汇内部各组成部分之间存在着广泛、必然的联系。教学要从全局性考虑。因此，每个教学环节和教学内容都要按教学的整体来考虑，根据认知规律，从易到难，逐层加深。

（三）词汇知识原则

学习词汇，就是学习有关词汇的知识。因为学生不大可能对语音规律、构词法、组合、衔接等进行系统的自学，教师就应该把这方面的知识传授给他们，以减少他们学习词汇的困难。例如，向学生介绍词的派生、词类转换、词类构成的复合法、缩略法等词汇知识显然有助于学生掌握一定的构词规律。当学生掌握了一定的词汇学知识后，他们在对词汇的识别、发音、理解、记忆和使用方面自然会有很大的提高，从而扩大词汇量。

（四）跨文化对比原则

语言与文化是不可分割的统一体。无论何种语言都植根于某种文化之中，而任何文化也都会以某种自然语言的结构作为其重要表现形式之一。学习一种语言的词汇，不仅仅要掌握其词汇的拼读和词典意义，还需掌握该词语特定的文化内涵。在词汇教学中，词汇作为意义的载体，体现了人们对客观世界的认识和态度，记载了使用该语言的民族历史和发展过程。只有对词汇的文化内涵与文化差异有深刻的理解和领会，才能准确无误地使用该语言进行交流。

（五）语用原则

尽管词汇教学的涉及面非常广，但核心问题仍然是如何让学生高效快捷地掌握一定的词汇量并能把它们运用于交际。因此，在词汇教学的过程中，要尽量多创造各种各样的语用环境，鼓励学生通过读、听、说、写、译各种方式，全面提高自己的词汇运用能力。针对不同的学生，按照不同的要求，把词汇和语境、功能结合起来。尤其要注意词汇知识与具体情景的结合，利用生活情景、模拟交际情景等，帮助学生理解和记忆词汇的意义，掌握其恰当的用法。

（六）直观性原则

在英语教材中特别是基础英语教材中，很多词汇都是与我们的现实生活或我们常见的事物联系密切的一些名词、代词、动词、形容词等。教授这些词语的最好办法就是运用直观的教学方法，利用实物、图片、幻灯片、简笔画和课件等辅助教学手段，再配合表情、手势等进行词汇教学，使实物、动作、表情、声音等和词汇符号直接联系起来，能直观、生动、形象地展示词汇的意义。这样学习词汇，让人印象深刻，也利于记忆。心理学认为，通过见物见景学习词汇能激发兴趣，并使记忆深刻。因为这样学过单词后，很容易“触景生情”，即以后再见物或触景后，会激活大脑记忆神经皮层，有助于学习者回忆并提取学过的单词。据此，高职英语教学中应尽量利用直观手段进行词汇教学。

直观教学特别适用于教授表示具体事物和具体动作的名词和表示情感的动词和形容词等，如教学中可将 book 实物的“书”和书的图片结合起来。有必要指出，当遇到抽象名词、语法术语时，也可用翻译法，以少兜圈子，避免浪费时间。

具体来说，在英语教学中实施直观教学的方法主要有以下几点。

1. 实物直观

实物直观就是教师注意利用教室内的环境就地取材引导学生灵活借助教室内的事物进行学习，或者教师上课之前准备所需要的物品直观呈现语言项目。

2. 形象直观

形象直观不像实物直观那样用实实在在的事物来帮助教学，而是教师运用模型、图片、卡片、简笔画、电教设备等模拟实物的形象来呈现语言项目，使学生通过关注一些模拟形象来达到直观教学的目的。

3. 言语、动作直观

言语、动作直观即教师运用听、说、唱、做、演、画等方式，运用生动的语言、良好的表情、形象化的动作吸引学生注意力，使学生较快地理解单词，识记语言项目。

以上直观教学方法的运用，可以使教师充分调动学生多种感官的参与，提高教学的直观性，使他们在看得见、听得到、摸得着的教学过程中习得英语词汇，发展思维，培养能力，刺激记忆。

三、高职英语词汇教学模式改革的策略

（一）帮助学生掌握有效性词汇学习方法

高职教师帮助学生进行词汇学习方法探索阶段，可以从前后缀开始根据其基本特征帮助学生强化记忆效果，词汇用法在转换、合并、综合应用

阶段，学生如果能够掌握其规律性，就能够快速将自己的词汇量进行扩充。英语单词学习阶段，教师日常帮助学生做好对词汇知识的深入探究，找出其基本规律，那么就能有效提升个人的学习能力。另外，教师可以让学生从强化词根学习方面入手，通过词根帮助学生理解记忆单词内容。任何一种语言中所富含的词汇都是海量的，英语在不同规律、不同应用方法之下的单词内容诸多，单词的字母、音标所富含的知识点也是十分庞大的，所以教师帮助学生掌握词根是提升词汇学习水平的有效方法。

（二）提升学生感知能力，加深词汇学习印象

在学习知识阶段，如果对知识内容具备一定的感知能力，那么人们就会在这种刺激之中，将自己的印象加深。实践研究证明这只是一种较为短暂的符号，很难长久停留在个人的脑海之中。所以教师在开展词汇教学阶段，需要帮助学生解决这种问题，加深学生的学习印象。教师在讲解词汇知识阶段，若学生在课堂上对词汇知识有深刻的印象，其基本内涵也能轻松掌握。但是在过一段时间或随即进行测验阶段，学生会瞬间丧失对所学内容的记忆。这种情况往往是因为学生课堂专注度不足所导致的。

教师要做好词汇教学模式创新改革工作，从备课阶段开始，将理论与实践紧密结合，让学生厘清词汇学习的重点内容，不断加深自己的词汇学习印象。教师需要优化建立良好的课程教学氛围，在引导学生共同参与的模式指引下，提高学生的积极性与主动性，始终保持其课堂专注度。在肢体动作或语言表达阶段，学生已经能够将情绪合理化把控，在组织与引导过程中，将自己对词汇内容的印象逐步还原并加深。

（三）探索高职学生的记忆规律，建立复习计划

高职教师在落实词汇教学模式的创新改革工作时，不能忽视复习计划的基本作用。教师需深入了解高职学生的基本特征，分析学生理解能力、认知水平存在差异的原因，基于此帮助学生定期进行词汇知识的巩固学习，经过总结与实践后，根据学生各自的特点对词汇复习计划进行调整。

综上所述，高职英语教师在进行词汇教学模式创新改革阶段，帮助学生调整自己的学习状态，找出适合自己的学习方法是十分必要的。所以日常词汇教学阶段，要注重创新实践，给学生提供足够沟通交流、实践应用的机会，让学生在良好的语境中，体会到英语词汇的学习趣味性，使学生的英语学习水平得到有效提升。

第二节　高职英语阅读教学模式的改革

一、高职英语阅读教学的目的与内容

阅读分三层，即字面阅读、推理阅读和形象阅读。字面阅读是对阅读的最基本要求；推理阅读则指读者能依据文章的细节材料推测出作者的言外之意、弦外之音，根据字面意思进行必要的推理、推论；形象阅读要求读者能将阅读材料与真实的生活联系起来，特别是与读者自身的经历、知识、观点联系起来。阅读应能激发学生的思维能力、想象能力和创造能力。阅读的层次也为阅读教学提出了层次要求，使阅读教学有了明确的目标和需要训练的内容。

（一）阅读教学的目的

具体说来，阅读教学的目的包括：培养基本的理解技能；培养真实生活的阅读技能；培养灵活的阅读技能，使学生可以根据不同的阅读目的选择不同的阅读方式；培养批判性阅读能力；培养自主阅读者，即使学生能够自己决定阅读的目的、选择适当的阅读方式、监控阅读的过程、评估阅读的效果；增强学生的语言知识、社会文化知识和阅读知识；减少读者背景知识的依赖性，帮助其掌握词语自动解码的技能。

（二）阅读教学的内容

阅读教学应以培养学生的各种阅读技能为主要内容，包括：辨认语言符号，猜测陌生词语的意思和用法；理解概念及文章的隐含意义；理解句子言语的交际意义及句子之间的关系，通过衔接词理解文章各部分之间的意义关系；辨认语篇指示词语，确定文章语篇的主要观点或主要信息；从支撑细节中理解主题；总结文章的主要信息；培养基本的推理技巧；培养跳读技巧；培养览读技巧；将信息图表化。

二、高职英语阅读教学中的关键环节

（一）重视阅读前的预热环节

将一篇文章展现给学生并不意味着能自然引起学生的阅读欲望与兴趣，而阅读前的预热环节则能够激发学生的阅读兴趣，引导学生逐步学会阅读技巧，进行有效的阅读。实践证明，阅读前的预热活动是非常行之有效的。

现代图式理论对图式和阅读理解的关系所进行的研究为阅读教学提供了非常好的借鉴。所谓图式，即记忆中的知识结构。这里的知识结构既包括文化背景知识，也包括词汇和语法等语言知识。1980 年，鲁梅尔哈特（Rumelhart）指出，在阅读过程中图式被激活，并与文章中的知识有意义地联系起来。另有学者也提出，如果读者脑中缺乏相应的图式，或未能将其激活，理解就会受到影响。可见，阅读前的预热活动就是激活相应的图式或向学生提供其脑中所缺少的图式。1980 年，曼利（Manly）在研究激活文章内容陈述与阅读理解的关系时认为，阅读前如果就文章内容做一些简洁的提示，阅读者对文章的理解深度和速度明显快于没接受到任何提示的阅读者。

图式包括了文化背景知识，也包括了词汇和语法等语言知识。对此，1988 年，约翰逊（Johnson）曾对文化背景知识和阅读理解之间的关系做了实证性研究。他让学生预先参加了有关万圣节的活动，然后让学生阅读一篇有关万圣节的文章，并仔细观察与研究学生的阅读理解过程。结果表明，预先对文章主题有一定的亲身体验，有助于对文章内容的理解，而缺乏相关文化背景体验，会明显影响阅读者对文章的理解。这说明文化背景知识和阅读理解有着密不可分的联系，相关文化背景知识是阅读前必备的知识和阅读教学中重要的预热环节。

关于语言能力和阅读理解的关系，1986 年，威廉姆斯（Williams）认为，语言能力是阅读能力的重要组成部分；1984 年，安德森（Alderson）则认为，成功运用阅读技巧和方法必须具有最低限度的语言能力。因此，语言知识也是阅读前预热环节的必备因素。

总之，阅读前预热的目的是向学生提供其所缺少的知识，帮助他们在脑中构建图式，充分调动其兴趣，最终理解文章脉络。

（二）重视文化背景知识教学

语言的发展告诉我们，语言和文化有着密不可分的关系。语言深深地扎根于文化之中，任何语言学习者都无法忽略语言对社会文化的影响，也不能不利用社会文化知识来达到一定的交际目的。

学生置身于英美等以英语为母语国家的文化氛围之外，对其社会文化了解相对较少。他们面对一篇陌生的课文，犹如面对一个陌生人，如果没有介绍其姓名、身份、来自何处及目的等，是很难对他产生兴趣、产生了解欲望的。没有必要的文化背景介绍，学生很难对一篇陌生的课文产生兴趣和了解其精神实质的欲望。必要的文化背景介绍不仅可以激发学生的好奇感与兴趣，使他们产生读的欲望，积极地投入课文学习中来，而且还可使他们准确地把握文章要旨，对课文进行深入理解。

在教学中，对文化背景知识的介绍在注意学生可接受性的同时应采取“借题发挥”等灵活多样的方式进行激发与引导。在讲解一篇新课文之前，可根据标题、作者生平或课文主题等一切可以诱发学生兴趣的题目进行发挥，使其对课文产生兴趣，从而产生“读”的欲望。

1. 图画导入法

1982 年，哈德逊（Hudson）曾对图画在阅读理解导入的作用进行了实证性研究。他把大学生按照水平分为高、中、低三级，每一级又分为三个组，第一组采用图片作为阅读导入手段，第二组采用关键词作为导入手段，第三组不采用任何手段。结果表明，采用图片作为阅读导入手段显示出了较好的效果，尤其是对中级和低级两组的学生有更大的帮助。这个实证性研究结果说明，图画导入法有助于学生对文章的内容的理解，尤其对高职英语低年级学生而言效果更加明显。

2. 借题发挥法

借题发挥法是指与就事论事相反的审题立意方法。运用借题发挥法能很快把握文章题旨，明确文章的立论方向，准确把握与理解文章局部内涵。运用借题发挥法要掌握两个要点，一是“借题”；二是“发挥”。借题之精髓、内涵，发己之见解、观点，而且所发观点与所借题目要一脉相承、一线相通。也就是说，阐述的观点确实是从题目中引发出来的。一般说来，引导学生阅读文章时，所阐发的观点其实就是文章中所蕴含的深意的表露。掌握这两个要点，学生阅读时就能得心应手，理解深刻。

在阅读教学实践中，借题发挥法的范畴非常广泛，只要有利于阅读理解，就可以借文章的暗示，调动一切方法刺激学生的阅读欲望，激发他们的热情。目前的阅读教材基本都设置了类似于 warm-up activities 的问题，教师可以针对文章大意向学生发问，引导他们抓住全文的要领。除了就文章大意进行提问，教师还可以针对标题借题发挥，进行提问。此外，引人入胜的文章开头、出人意料的结尾和文章的时间顺序等，都是借题发挥进行提问的好素材。借题发挥式的提问有两个优点：其一，有利于学生对全文大意的理解；其二，有利于激发学生的阅读兴趣，树立明确的阅读目标，最终成功完成阅读任务。

除了提问，教师还可以就文章背景和特定重要语句中的关键词借题发挥，帮助学生了解文章背景，从而增强其阅读理解能力。必要的文化背景知识介绍非常有利于激发学生对所学课文的兴趣。这不仅能帮助学生加深对课文主旨的理解，而且还能扩大其知识面。

大学英语阅读课本选材通常融知识性、趣味性为一体，许多文章都载有丰富的文化背景信息。为了通过语言来领略文章所展示的西方社会，不仅在讲解课文之前介绍必要的文化背景知识，而且还要对个别单句，甚至单词讲解必要的文化背景知识，否则学生对单句的理解就不容易做到透彻、全面，对单词的理解与记忆就会大打折扣，这一点需要引起充分的重视。

三、高职英语阅读教学的基本原则

鉴于上述对影响学生阅读能力因素的分析，为了达到阅读教学的目标，保证阅读教学的有效开展，要遵循以下原则。

（一）兴趣激发原则

学生对阅读是否产生浓厚的兴趣是阅读教学成败的关键。有了兴趣，学生才能产生积极、主动、热烈的学习情趣。教师要注意教学内容的适当变换和教学形式及手段的多样化，尽量避免教学活动的枯燥乏味，从而激发学生的阅读热情和兴趣，使阅读教学经常保持新鲜感，使学生学会阅读又乐于阅读，变被动阅读为主动阅读。

（二）层层设问原则

层层设问原则主要是指教师在阅读教学中提出的问题应该具有层次

性，一环扣一环，逐步揭示文章的主题。例如，教师在讲解“Thomas Edison”这篇课文时，可以提出如下问题：

①Who was Thomas Edison?

②When Thomas Edison was five years old. he sat on some eggs one day, didn´t he? Why?

③Why did Edison´s teacher send him away from school?

④How do you think about Thomas Edison? Why?

⑤What can we learn from the text?

这五个问题由浅入深，层次分明，学生根据教师提出的问题，想方设法化难为易，在解决问题的过程中，掌握所学知识，逐步理解文章内容，并提高自己的分析理解能力。

（三）循序渐进原则

阅读教学目标的完成不会一蹴而就，它是一个循序渐进的过程，需要一个合理的总体设计和长远规划。教师应该在材料选择、任务确定、阅读方法及阅读教学的反馈等诸方面做出全面细致的考虑，并鼓励学生寻找适合自己的阅读方法，积极引导学生采用适合自己的阅读方法去完成既定的阅读任务。

（四）速度调节原则

阅读速度不一定等于理解能力。有的人阅读速度快，可是理解能力差；也有的人阅读速度慢，理解能力也差。针对这些学生，应加强一般阅读技能的训练和语言的基础知识学习，而不宜加快阅读速度。教师应根据教学的进程设置不同的阅读速度，在阅读教学进行之初，可以放缓阅读速度，注重的是对材料的理解。慢速阅读有时也是一种需要，如诗歌、散文、小说等，应该细细地品读，深入地分析领会，认真思考、品味、评价和欣赏。但随着词汇量的扩大，语义、句法知识的增加，语感的增强和阅读技能的提高，阅读速度亦随之增强。这个阶段就应该进行相应的限时训练，加强训练的强度，进而完成阅读教学的目标。可以说，速度调节原则就是要求教师在阅读教学过程中做到张弛有度，根据不同阶段的教学目标做相应的调整。

（五）因材施教原则

由于学生之间存在着个性差异，因而学生学习阅读的进程就有所不同。教师应满足不同水平学生的特殊需要，力争使每个学生都能相应地发展阅读技能。比如：有的学生阅读成绩不佳，自暴自弃，对于这类学生，教师可以先给他们简单的阅读材料，并逐步增加难度，让他们看到自己的点滴进步，还要经常表扬、鼓励他们，帮助他们树立战胜困难的决心和取得进步的信心；而有的学生基础好，学习兴趣浓厚，课堂上的阅读常常满足不了他们的阅读欲望，针对这类学生，教师应向他们介绍和推荐世界名著等读物，布置一些富有挑战性的阅读任务，以满足其阅读欲望。总之，教师应根据每个学生的特点，认真分析，并将其分类，在教学中有意识地对其提出不同要求，采取不同方法，从而做到因材施教。

四、高职英语阅读教学模式改革的策略

（一）创设良好阅读情境，激发英语阅读兴趣

英语阅读兴趣的激发是学生学习的主要动力源泉，同时还是学生英语核心素养、创新思维能力培养的重要前提。而传统教学模式显然很难实现这一点，为此需要英语教师积极创新和转变教学模式，结合实际情况合理创设阅读情境，并且对学生进行合理的引导。在这一过程中，需要教师从学生的角度着手，以课程内容为基点进行创设，这样才能达成理想的效果，吸引学生积极参与其中，促进教学目标更加高效地达成。在传统的阅读教学中，教师基本都是对照着素材组织开展教学，这样显得十分枯燥无趣，使得学生兴趣和积极性缺失。

为此，教师可以合理利用多媒体技术，将枯燥的阅读素材以图片、视频等形式呈现出来，这样便能瞬间抓住学生的注意力，帮助他们更快进入学习状态。之后，教师还可以结合课程内容设置一些合适的、开放性的问题，然后让学生围绕此展开讨论与分析，通过前面的铺垫，学生必定都能积极参与其中，开动自己的大脑。这种方式，能有效丰富课堂教学氛围，激发学生的英语阅读兴趣。同时学生的课堂主体性也得到了很好的体现，思维能力能够更进一步地发展。

（二）在英语教学过程中发挥多媒体的辅助作用

相关研究证实，简单的刺激会对学生造成短时间的记忆，而多方位的刺激则会对学生创造永久的记忆。就是说多方位的刺激更容易在人脑中留

下痕迹。使用多媒体优化组合的课堂教学方法，可以将上诉的心理学感官原理的基本理论，将其在英语教学实践过程中最大限度地发挥出来。教师使用多媒体教学可以把相关文化背景及语言背景通过录像形式、投影形式及电脑形式转换成为具体形象，这样一来就会让学生长期处在和谐的、自然的、轻松的环境下学习，促使学生最大限度地掌握基本知识，最大限度地感知教材。

综上所述，多媒体辅助英语教学可以有效地将学生的学习兴趣及学习积极性最大限度地激发出来，同时多角度调动学生的情绪、兴趣及注意力，促使学生对英语阅读学习怀有满腔热情。指导学生积极参与相应的教学活动，拉近学生和教师之间的距离，拉近学生与学生之间的距离，最后有效地调动学生学习英语的积极性及主观能动性。传统的教学模式是以教师为教学的中心，同时也是以课本为中心的单向教学方法，因此需要在英语阅读教学过程中引入多媒体技术，从根本上突破传统教学模式，实现以学生为中心的转变，促使知识传输过程更加的交互化，促使在外语学习过程中学生的主观能动性得到最大限度的发挥。在实际教学活动开展过程中，教师的角色发生了转变，从开始的知识传授者变为学生学习的重要指导者及帮助者。这样一来就可以提升学生智力的开发效果，与此同时培养学生的阅读能力。可以兼顾学生的个体差异，为学生学习及思考创造更大的空间及外部条件，促使学生在阅读能力培训中拥有更大的自由度。在英语教学过程中引入多媒体技术，可以有效地扩充信息量，使学生不再受到教材的约束，有效提升学生的阅读水平，与此同时提升学生的学习兴趣。

（三）尊重学生个体差异，坚持因材施教

对于第二语言的学习，不同的学生有着不一样的学习目的、不同的中介语（也就是指学生在发展中形成的个人语言系统，该语言系统独立于学生的母语及学习的外语）。除此之外，还有着不一致的学习风格及学习策略。如果使用统一形式的教学模式很难满足每个学生的需要。所以，在实施英语教学的过程中需要充分的尊重学生的个性化发展需要，同时还要满足每个学生不同的阅读方法及习惯，分析学生不同的接受能力。在实际英语课堂阅读教学中，教师需要分析学生个性发展，同时尊重学生个性发展，根据实际情况调整教学方案，最大限度地做到因材施教，将学生参与英语阅读课堂活动的积极性最大限度地激发出来。促使学生在实际英语学习过程中找到真正的学习的快乐，亲身体会及感知问题解决之后的喜悦，

帮助学生树立学习英语的信心，提升学生的学习能力及激发学生的学习兴趣。

第三节　高职英语语法教学模式的改革

一、高职英语语法教学的地位

语法教学是英语教学的一个重要组成部分。熟练掌握和运用一门语言的关键是弄懂和掌握这门语言的句子结构和变化规律，而实现这一目标的最佳途径就是熟练掌握语法知识。语法知识能够使语言材料的输入更易接受，能帮助学生更好地切分语言信号，使其成为可以理解的语言单位，正确理解输入的语言材料，更好地应用语言知识。无论是从学生的认知能力的培养角度还是从语言的本质、语言教学的特点等方面都证明了语法教学是基础阶段英语教学的一个重要组成部分。

（一）语法教学是英语教学的手段

语法是语言的组织规律，它在英语教学中的地位是由语法在英语教学中的作用决定的。由于语法教学在沟通概念与语境之间起桥梁作用，是帮助学生达到较高英语水平的重要途径，因而语法教学是英语教学的一个重要的教学内容。在语法学习中，要克服为学语法而学语法的偏向，要把语法作为手段来学。语法教学要以实践为纲，以技能为核心，要引导学生的学习思路。

（二）把握英语语法教学尺度

英语课程的先进理念及先进思想提倡通过体验、实践、参与、合作与交流的学习方式来发展学生的综合语言运用能力。语法教学虽对学生的语言运用能力的建构有着不可忽视的作用，但毕竟不是学习外语的主要方式。教师过分强调语法教学，会再次回到传统教学的方法上。

因此，遵循语言学习的规律，合理地把握语法教学的尺度，对培养和促进学生的实际语言运用能力有着深远的意义。在语法教学中，教师应做到整体考虑、综合设计、逐步推进、归纳拓宽，在语法教学中体现“整—

分—整”的原则，即教师教学中要做到熟悉教材，了解教材对语法知识的前后安排。在呈现新的语法项目时从整体考虑，站在纵观的角度传授知识，又通过教学过程中的听、说、读、写、讨论、活动等课堂形式对语法知识进行横向操练。这样，语法教学就为实际运用语言提供了基础保障，使语言交流得以顺利进行。

（三）协调语法教学和语言教学

目前的英语教学中，关于坚持语法教学还是交际教学成为教育界讨论的热点问题。英语教学是一个多维度、多因素的教学过程，语法教学与交际教学都是教学中普遍采用的教学手段，二者是不可分割、相互促进的。

语法是英语语言知识的组成部分，掌握语法是提高英语语言能力的重要途径；同时，语法为听、说、读、写等交际手段服务，没有语法能力便不能形成交际能力。

交际法强调语境和情景的重要作用，将语言置于真实语境中去使用，以信息为焦点，认为社会交际功能是语言的主要功能，说话人语言输出与听话人语言反馈的契合是成功交际的标志。交际功能是英语学习的目的，也是教学的手段之一。英语教学活动本身就是师生间的双边活动，是传递信息的过程。从二者的关系来看，交际法并不否定和排斥语法教学，而是对语法教学加以有机的融合和巧妙地利用，交际法是更加符合语言本质意义的语法教学模式。交际活动要求教师在教授语法时，建立以语言习得为基础的教学模式，把语法教学与交际法教学原理有机地结合起来，把语言形式与语义、语用和语境相联系，让学生在大量的交际活动中学习语言、习得语法，在交际活动中获得和提高交际能力。因此，语法教学要力求遵循交际性原则，努力创造学习英语的环境，突出课堂语法教学的情景化、语言的英语化和教学方法的多样化，体现英语课堂教学的特点，即兴趣性、积极性、实践性、交际性、巩固性。

二、高职英语语法教学的基本原则

语法教学首先是一门知识性教学，而建构主义强调知识的意义建构，注重学生认知能力的发展，用于指导语法教学是有一定的合理性的，这与目前外语教学的认知转向也是相符合的。当然，语法也不能纯粹当作知识来教，否则又退回到传统语法教学上去了。在语言学、心理学等理论的指导下，语法教学应遵循以下原则。

（一）真实性原则

言语活动就是交际双方理解和建构话语的过程。通过具有一定信息差的言语活动任务，可以唤起学生的好奇心和强烈的求知欲，促使他们更积极地进行话语理解和建构。认知心理学认为，如果输入到大脑的信息具有一定的趣味性、实用性或与日常生活经验结合紧密，那么当它到达大脑这一中心加工器时，便会产生兴奋的情感，输出活跃的思想与行为。真实、活泼、生动的学习情景有助于学生快速理解接收到的信息，并能激活思维，激发主动探索，建构传递信息的愿望。

在言语活动中进行语言教学我们可以借助意义或语境帮助对语言形式认知和处理，而且可以根据教学需要，反复在不同的语境中凸显某一特定语言形式。设计交际任务和互动活动时要提出高标准的语言要求，激活学生的语法能力，而不仅仅是词汇能力。根据建构主义的活动论，当学生在交际活动中遇到语言形式的困难，语言形式任务即转为当前主要的活动任务，此时我们不能过于强调交际的流利性，而应开展相关的语言形式活动，这时候的语法学习效果才会更好，学生的积极性也会很高，语法教学也更体现了其实用性。当学生在言语活动中感受语法时，语法不再只是一些抽象的规则，而是活生生的交际生活中一个必不可少的组成部分。

（二）以学生为中心的原则

在建构主义理论的影响下，学习观也出现了改变。学习不再被看作是单纯接受知识的过程，而是学生一起参与各种学习活动的过程。高职英语教学改革的目的是促进学生发展英语的综合应用能力。语言应用也是习得过程的一部分，因此课堂上减少语言知识的传授、增加语言应用活动非常必要。课堂教学从“提供知识”转向“展开活动”，在活动过程中，通过学生的参与、感知、体验和实践来共同完成建构知识、提高语言和言语的能力，也给了学生自己动脑总结出语法规则，发现语言规律的机会。教师应该努力把语法规律的发现、讨论、学习和吸收交给学生自己去进行，语法规则是自己“发现”的，学生感觉到了学习语法的乐趣，会产生成就感。因此，外部输入是一个方面，但个体在社会互动活动中对输入的处理、转换和内部生成更为重要，学生自己讨论总结过的语法点，在以后的语言输入中，会更容易意识到这些语法现象，这样不断地强化，可以促进学生内隐的语言知识系统的重构。教师要训练学生概括问题、分析问题的能力，提高学生的语言欣赏、语法辨析能力。认知理论学家也认为：如果承认学生的智能作用，就应该充分发挥学生的主动性，培养他们的学习态度，增强学习信心，开发学生的智力，保持其学习兴趣。教师不仅传授知识，给予指导，更重要的是教给学生自学的方法，培养他们自学的能力。1998 年，努南（Nunan）指出，更有效的课堂教学方式之一就是不断组建和重构语言体系，使学生获得机会发展自己对英语语法规则的理解。鼓励学生积极主动地去探究语言的奥妙，这样语言信息便能得到更深层次的处理，储存时间也更长。

（三）交际性原则

社会语言学认为，语言的功能是交际。1972 年，社会语言学家海姆斯（Hymes）提出了著名的“交际能力（communicative competence）”的概念。他认为，一个人要能够真正地运用语言进行交际，除了必须具备乔姆斯基（Chomsky）提出的能造出合乎语法的句子的语言能力，还必须具备在什么场合、对谁、用什么方式及说什么的能力，也就是交际能力。这一理论明确了语言能力和交际能力的关系，交际能力包括语言能力，语言能力是交际能力的基础，没有一定的语言知识，语言运用就成了无源之水。外语教学的目的是培养学生的交际能力。在语法教学中，搞清语法概念无疑是非常重要的，但是只读语法书并不能真正搞清语法概念，必须通过实践—犯错误—改正错误—再实践的学习过程，才能逐步搞清概念。因此，学习语法不应该只读语法书、背语法点，还应该包括在实践中运用语法知识这个更重要的内容。但实际情况是，学生往往难以把语法规则的掌握与实际言语使用相结合，难以从抽象自然走向具体，学与用产生严重脱节。

为此，我们要变传统的语法知识体系为语法应用体系，不把语法仅仅当作是被动地对语法知识的掌握，而应看成是积极的使用过程，要力求准确和熟练。在学完一个新的语法项目时，就要多进行言语实践，在实践中巩固，在实践中发现问题、纠正错误，这样既正确建构了语法点知识，又学会了应用语言规则。语法知识、语言规则的掌握要与语言点的实际使用紧密结合。正如巴斯滕（Batstone）所言，如果学习者想要提高语法学习效果，他们必须使用语法，构建入自己有关语法结构的假设中去。也就是说，学习者要在实际使用中去验证自己的理解；1975 年，勒克（Lech）也指出，一个外语学习者如果带着“我如何运用语法来进行交际?”这个问题去学习语法，语法学习才最有意义。

学生只有使用一门语言才能掌握这门语言。语言是在使用中获得的，不宜将语言的使用和语言的学习完全割裂开来，因为正是在使用中才发生学习。语言学习者必须得多练，在不同的情境中反复使用，但要注意的是，如果语法结构不是在真正的交流中使用，或不具有真正意义上的交际意图时，学生仍将无法成功掌握英语。

（四）系统性原则

大多数的语法现象学生在初高中就接触到了，但普遍存在的问题就是系统性不强，对一些相近概念掌握较模糊，容易混淆。机械孤立地记忆语法条条框框的规则，在口语和书面语写作上，仍然容易犯人称、时态、主谓一致等各种初级错误，所以有必要将以前的语法知识重新系统地呈现。语法是关于语言知识的系统描写。如果学生所掌握的语法知识是零散孤立的，毫无系统性的，则不利于其对语法知识的理解和记忆，无法让其对所学内容形成整体概念，影响他们对语言的灵活运用。教师应自己或引导学生及时总结归纳语法知识，提升学生对语法现象抽象概括的能力。斯达慕（Stemn）强调，学生不但要学会并牢记一个个语法项目，而且还要留神各项目之间的关系，从而把一个体系建立起来。因此，在语法教学中对掌握的知识到一定阶段后应进一步归纳，使之成系统。在学习者了解了各个部分之间的关系后，能触类旁通，在头脑中形成比较明确、完整的图式，从而有利于吸收更多的新材料。

在高职英语语法教学的过程中，要突出阶段性和系统性，即应认真分析学生的认知能力与思维能力。所有活动都需要教师及时地帮助学生全面系统地归纳语法知识，建构结构完整的语言体系。语法教学要充分利用建构主义所提出的同化和顺应，新、旧知识，新输入和原有经验之间的关系，因为高职英语语法教学的对象是已经有一定语法基础的、学过语法的学生，我们应更多地考虑如何进一步提高他们大脑的存储，把原先错误的经验纠正过来，或者完善他们原有的经验，以及如何利用他们大脑的原有图式提高其对新知识进行选择、整合、加工进而同化的能力。只有在原有知识、已有经验和新输入之间建立必要的联系，新知识才能被重新建构。因此，只有在适时归纳学生已学知识的基础上，我们才可以更好地将学生的新旧知识结合起来。让已有的知识经验作为新知识的“生长点”，去引导学生建构新知识，从而促使学生的语法知识和语法能力呈螺旋上升之势。

三、高职英语语法教学模式改革的策略

（一）巧用“情境式”教学模式，激发学生语法兴趣

情境式教学模式是高职英语教学改革背景下一种科学有效的语法教学模式，该教学模式以情境创设为依托，有利于学生在具体的交际情境中感知语法、理解语法、体验语法的独特。诚然，语法本身是枯燥无味的，烦琐的语法知识与多元的语法类型总能让学生深感索然无味，但如果创设一定的语法学习情境，学生的语法学习兴趣便会被有效激发。

例如，“虚拟语气”是高职英语语法的重要内容，但其极尽枯燥，教师在讲解中不妨创设一定的交际情境：“You would be much better now if you had taken my advice. 假若你当时听我的话，你现在就会好多了。”这是从两个人的对话中截取出的一句话，前一个人向后一个人抱怨了一些事实，结果后者便说了以上的话。以上英语句子属于“错综时间虚拟条件句”，即从句指过去，而主句指的是现在或将来。此句子中主句指的是现在。教师如果单纯地讲解这些知识，教学成效不大，但如果能放在具体语境中，学生学习效率便会得以提升。

（二）以“任务型”教学模式激励学生探索求知

任务型教学模式是一种具有驱动效应的高效语法教学模式，它以具体任务为教学依托和指导，激励学生在任务的推动下通过质疑、探索、总结等过程实现语法知识的掌握和灵活运用。

目前，任务型教学模式在高职英语语法教学中的应用已经相当普遍，它要求教师基于语法教学目标及学生的语法学习能力布置形式新颖的语法学习任务。学生在探究任务的过程中，能最大限度地体验到语法学习的愉悦和快感。

任务型教学模式一般有以下三个步骤：教师布置任务、学生探究任务、教师评析总结。例如，在“非谓语动词”的语法教学中，教师可以为学生布置一个任务并“编造”一个对话，至少用上两个所学的非谓语动词。语法教学虽然是枯燥的，但是教师可以鼓励学生以小组合作的方式展开，鼓励学生探索求知。在学生完成了对话编写任务之后，教师可请相关

组员依据所编写对话进行表演。最后，教师可对学生小组所编写对话中“非谓语动词”的运用进行系统的评析和总结，帮助学生改正用法上的错误，提升学习效率。

（三）用“四步走”教学模式提高语法实践教学质量

“四步走”语法教学模式是英语语法教学中最常见的一种教学模式，但在具体的教学中，一些教师总是不能完全按照“四步走”教学规则来进行，这大大降低了语法教学质量。所谓“四步走”，主要包括以下四个语法教学步骤。第一，展示即教师要通过情境、对话、课文、材料等形式展示所要研究的语法项目，继而组织学生去观察语法项目的时态、句型、结构等。值得注意的是，语法项目展示的方式要尽可能吸引学生兴趣，激发其学习热情。第二，解释即教师通过分析句子结构、内涵、语法成分等对语法进行详细讲解，并辅助以教学实例强化学生理解与运用能力。第三，练习。语法练习是“四步走”中的重要一步，在该步骤中，教师要有目的地组织学生进行语法练习，指导学生解决各种练习难题，直至真正灵活掌握语法。第四，评估即教师要对学生语法学习状况进行专门的评析，指出学生的缺陷与不足，帮助学生内化语法。

第四节　高职英语听力教学模式的改革

一、听力与听力能力

（一）听力

所谓听力，是有声语言在人的大脑中转变为意义并接收信息的过程。相关专家对听力的概念提出了自己的看法，如罗宾（Rubin，1995）认为“听力是一个主动的过程，听者从听到和看到的信号中选择并解释信息，以确定正在发生什么事，说话者想要表达什么意见”。还有学者认为“听力是人在头脑中对口头语言输入构建意义的活动”。

可见，学者提出的听力定义中都包含有“主动”和“构建”的字眼，也就是说听话人不只是简单地将自己听到的内容进行解码，他们需要将耳朵接收到的信息同时与大脑中已有的知识相联系，然后进行理解和推测，最终得出说话者真正的意图所在。

（二）听力能力

学者巴克（Buck）提出了著名的交际听力能力模式。根据这一模式可以得知，听力能力可进一步细分为语言能力（language competence）和决策能力（strategic competence）。

1. 语言能力

语言能力指的是说话人/听话人的语言知识，如语法、语篇、语用和社会语言学知识。

（1）语法知识

语法知识主要是在语义层面上对较短话语的理解，包括语音语调、口语词汇、口语句法等知识点。

（2）语篇知识

语篇知识主要涉及对较长话语或两个以上交谈者互动话语的理解，如语篇衔接、修辞等知识点。

（3）语用知识

语用知识主要是针对语篇功能方面的理解，或者是对相关语篇所要表达意思的深度把握。

（4）社会语言学知识

社会语言学知识主要是针对特定社会文化语境中语言内容的理解，如交谈者使用的语言是否得体等。

2. 决策能力

决策能力是一种执行能力，是指人们在听的过程中如何运用语言知识的能力。在听力理解的过程中人们需要利用各种策略来达到听懂的目的，而与此过程密切相关的策略有认知策略和元认知策略。

（1）认知策略

这一策略包括三个方面的具体内容，如下所述。

①对听到的材料进行理解。

②将所理解的信息储存在长短期记忆系统中。

③从记忆中索取被储存的材料信息。

（2）元认知策略

这一策略包括四个方面的内容，如下所述。

①在对话开始之前，对听者自身的知识、供其使用的内外部资源及对所听材料的限制情况进行检测。

②在对话过程中，对本人及对方的听力效果进行检测。

③在对话结束后，同样对本人及对方的听力效果进行检测。

④对听者语言运用得好坏情况进行检测。

二、高职英语听力教学的基本原则

（一）循序渐进原则

循序渐进原则要求教师在进行英语听力教学时应做到由慢到快、由易到难、由简到繁，而不能急于求进、一蹴而就。听力教学的循序渐进原则主要体现在听力材料的选择上。教师在选择听力材料时，需要考虑学生所在的学习阶段，挑选的听力材料应由易到难，逐步加强。

比如，如果教学对象是初学者，教师就应选择吐字清晰、连读、弱读现象少，并且语速适中的材料，听力内容也应该贴近生活，以便学生理解，激发学生听的欲望和兴趣，让学生在听的过程中能够有所收获。随着教学的进程，教师可以逐渐提高听力材料的难度，以满足学生的求知欲。

（二）多样化原则

在听力教学中，不能使用单一性的任务，否则容易使学生感到枯燥，失去学习的兴趣。教师应根据不同的教学目标、训练目的，选择多样化的听力材料，听力训练要精听与泛听相结合，主动地听与被动地听相结合，并采用不同的训练模式，以此提高学生对英语听力的学习兴趣。比如，事前向学生提出一些问题，让学生听材料后做出解答，或让学生听材料后复述主要内容。

（三）交际性原则

英语教学的最终目标是培养学生的英语交际能力，英语听力教学也不例外。听力训练的最终目的是培养学生听懂地道的英语的能力，以适应交际的需要。因此，听力材料应尽量具有真实性、交际性，语音、语调真切自然，符合实际交际场合中的话语方式。教师在平时上课时应该做到发音准确、语速正常，身体力行地引导学生使用英语进行交际。听录音也是培养听力能力的有效方法，因而教师可以充分利用各种设备让学生适应不同年龄、性别、身份的人在不同场合的发音，以帮助学生提高听力水平。

（四）分散训练和集中训练结合原则

听力的分散训练主要是将听的活动分散于语音、语法，词汇、句型、课文教学中，让学生经常性地进行听力的专项训练，这种潜移默化的影响对学生听力的提高有很大的帮助，是一种有效的听力训练。

集中训练是在分散训练的基础上抽出时间进行大量的、指导性的强化训练，对学生在听力中遇到的具体问题进行专门的帮助、指导。集中训练不仅保证了听力训练的时间，而且还能使教师集中精力，根据不同学生不同听力上的问题，加以具体帮助、指导，有效提高学生的听力能力。

由于听的活动要求注意力高度集中，长时间的集中训练容易使学生疲劳，而分散训练进行的时间短，缺乏系统的指导和安排，学生听力不易通过分散训练得到明显提高。因此，教师在听力教学中应该将分散训练和集中训练结合起来。

三、高职英语听力教学模式改革的策略

（一）重视听力技能训练

英语听力具有很强的实时性，对于听者而言，需要在有限的时间内很好地理解、记忆所听到的内容，并做出相应的反应，所以听力水平的高低与听的技巧及对听力技巧掌握的熟练程度之间具有不可分割的密切关系。然而，要想提高学生的英语听力水平，仅靠单纯地注重听的量是远远不够的，而是需要充分结合听力自身所具有的实时性的特点，关注如何去听。对于高职英语教师而言，一方面要注重培养学生养成做好听前心理准备的习惯，即猜测及预测的习惯；另一方面，要注重学生全面听的素质的培养，引导学生重点把握所听素材的中心思想和主题，带着问题有针对性、有侧重地听，在听的过程中成功地将有价值的信息提取出来。除此之外，在英语听力教学环节中，可以锻炼学生将精听与泛听有效结合起来，开展复合式训练，分步骤、有侧重、有层次地开展高职英语听力教学，这对于提高学生的英语听力水平，尽快熟悉并掌握英语听力技巧具有积极的影响和意义。

（二）转变教师的授课模式

在转变教师授课模式的教学计划的指导下，教师的授课方式显然不能再同于以往的授课方式，而应做到以下几点。

1. 以精听为主

听力课程的主旋律应该是精听，解决学生听的质量问题，不再仅仅是量的完成。教师应该以“慢镜头”方式向学生细致讲授听力过程的各个环节，并有针对性地跟进反复的实际操练。对于量的问题要充分利用学生的课外时间加以解决。

2. 增进师生间的及时反馈

教师除了要向学生提供必要的背景知识、语言知识（比如复杂的句子结构、固定的口语表达、习语搭配等），还要做到和学生共同融入听力训练中，注重倾听个体学生的答案和解释，而不是全班的“合唱”，及时给予学生反馈，指出问题所在，及时纠正，并给予正确的肯定和鼓励，同时针对来自学生的反馈信息对授课环节做及时调整。

第五节　高职英语口语教学模式的改革

一、高职英语口语教学的基本理念

英语口语教学应该遵循“以人为本”的教育理念，充分考虑“学生因素”，做到以学生为中心，激发学生的学习热情，培养学生的学习情感。

首先，口语课堂应继续以轻松愉悦的课堂氛围为主，以枯燥乏味的知识习得为辅，教师可以设置鼓励学生积极参与的课堂活动，让他们产生心理的满足感和自信心，然后逐步加大话题难度并辅以知识讲解，既让学生有学习知识的满足感，又让学生体会到用英语沟通和交流的乐趣。

其次，在课堂教学中要注意培养学生自我管理的意识。口语学习不能仅仅依赖课堂活动，几十分钟的课堂实践是有限的，对于口语学习而言，练习力度是远远不够的，需要学生做课外口语练习的“主人”。在教学实践中，教师要给学生充分的练习自由度，让学生自己选择话题，选择练习时间和场地，进行实际的口语操练。

再次，英语口语教学必须立足于口语输入和口语输出的模式，任何非口语形式的输入必然会导致学生非口语化的输出，这也正是口语教学的一个误区：人们往往认为口语就是语言的表达，任何形式的语言输出都可以称得上是口语练习。

最后，在口语教学中要充分利用网络和多媒体教学环境。英语口语教学需要大量的语言知识输入，不论是声音形式、文字形式、图像形式，还是视频形式，均会对口语教学产生积极的辅助作用。

二、高职英语口语教学的主要内容

从信息加工的角度来看，口语表达是一个动态、双向的语言信息传递与交流的过程，它涉及口语信息发出者、口语信息和口语信息介绍这三者之间的互动关系。在口语教学过程中，不仅要强调语言输出，而且还要注重学生语言输入和语言理解加工过程的培训。因为在口语交际过程中，任何信息都是建立在“可理解性”基础之上的。说话者只有接受对方所传递的信息并进行信息加工理解，才能产出对方可以理解的信息，其中涉及语音、语调、词汇意义、语用知识、文化及思维习惯等各方面的因素。

由于口语能力呈阶段性渐进发展，因此在不同阶段必须采用与其发展要求相适应的训练手段，通过训练培养学生的口语技能并逐渐发展口语能力。口语教学过程可分为三个阶段：“潜口语”期、口语能力构建期、口语策略发展期。

第一个阶段强调语言的可理解性输入，这是学生习得语言的重要时期，这一过程可以延伸到口语教学之外，高职英语学习者在大学课程以前的一切语言输入都可以作为这一阶段的外延。

第二阶段强调语言的可理解性输出，在这一阶段，“对子练习”“场景练习”“主题演说”“问题辩论”等口语教学的强化手段是教学的重点内容，这些练习方法为学生提供了构建口语能力的框架，学生通过“练习”和“构建”的反复循环过程建立自己的英语思维习惯，思维习惯影响语言的构成并促进口语交际的发展。

第三阶段是语言的内化和提升阶段。在这一阶段仍然强调“练习”，但“练习”难度要提高，目的是锻炼学生口语交际的应变能力和实际操作能力，预测交际场中的未知困难并提供可解决的交际策略。高水平的英语口语交际应该具有本族语的思维习惯，只有这样才能够灵活地运用英语语言环境中的交际策略，达到成功交际的目的，这也是英语口语教学的目标。

英语口语教学区别于其他英语教学环节，教师在教学中要注意口语的言语行为功能特点，即要向学生强调口语的言语行为功能——通过特定的语言表达特定的功能。其主要功能包括：问候、介绍、告辞、请求、致谢、赞美、祝贺、道歉、原谅、建议、同意与不同意、批准与不批准、承认与否认及同情、鼓励、申诉、劝说、允许、许诺等。口语的语体特点是英语口语教学区别于其他英语教学环节的主要因素，口语中较多地使用短语、并列从句、问答与祈使句，并且允许出现重复、停顿、补充、修正等策略。口语教学强调口语受到年龄、性别、文化、情绪等因素的影响，因而英语口语教学不是单纯语言领域的教与学的过程，而是一个包罗万象的涉及语言综合运用的教学过程集合体。

高职英语口语教学要重视学生的知识训练、知识重建、知识内化与知识外现过程。其中，培养学生语言能力和交际能力是口语教学的首要任务。口语学习没有捷径，关键在于训练，这种训练需要自主意识的控制，因为这是一个以自我表达为核心的认知与实践的过程，外在的强化因素只能起到辅助作用。

口语教学要兼顾到学生的语言条件、思维方式、心理素质、环境氛围等各方面因素，在实际的口语教学中，要把以上因素纳入英语教学实践和课程内容设置中，要把解决这些问题作为英语口语教学不可缺少的内容。由此可见，英语口语教学并不是简单的语法传授，而是全面提升口语表达能力的教学过程。

三、高职英语口语教学的基本原则

（一）系统化原则

听、说、读、写四项技能是英语学习过程中一个相互联系的统一体，各种技能之间相互交叉、相互影响、相互制约。因此，口语教学必须与其他技能相结合，才能取得较好的教学效果，而不能孤立地进行。听和说的结合使学生熟悉地道的、真实的语言，有助于学生纠正自己的语音、语调，并为学生语言输出提供语言材料。读和说的结合有利于学生积累大量的语言素材，为自己的语言表达打下基础。写和说都属于语言输出，先写后说可以确保说的准确度，有利于增强学生的自信心。某项技能的提高会带动其他技能的提高。因此，必须通过各项技能的有机结合、相互刺激，口语教学才能得到快速、高效发展。

（二）循序渐进原则

英语口语表达作为其中一种技能，不能一蹴而就，而要通过逐步的、系统的训练进行培养。在整个英语口语教学中的不同阶段应该有不同的目标、内容、重点、难点和方法，教师需要由浅入深、由易到难、由机械模仿到自由运用循序渐进地进行。如果不考虑学生的英语水平就设定过高的目标，会使学生在开口时产生畏难情绪，使学生失去兴趣，学生达不到目标就会产生挫败感，从而打击学生的学习积极性；如果目标过低，则会使学生觉得口语练习毫无挑战性，逐渐对口语训练失去兴趣。

（三）互动性原则

语言使用能力是在交际互动中发展起来的。教师在高职英语口语教学中，不能将口语训练视为机械的训练，而应该认识到口语训练是一种互动的操作训练。互动性原则强调的是动，也就是围绕某一话题进行有意识的、动态性的练习。学生只有在互动的口语训练中，才能有效提高自己的口语表达能力。

口语互动的内容主要包括引出话题、话题转换、请求澄清、请求重复、获得注意、获得帮助、结束谈话等会话技巧和策略。掌握这些口语策略与会话技巧将有助于交际活动的顺利进行，取得预期的交际目的。如果教师在口语教学中总是单纯地采用提问的形式，大部分学生都很少有机会开口表达，这样互动交流的效果往往并不如人所愿。为了使所有学生在课堂上都能够参与进来，教师应该多开展学生与学生之间的互动训练活动，比如对话练习、小组讨论、角色扮演等。这类活动互动性较高，可以为学生提供更多独立交际的机会和时间，而且面对彼此熟悉的同学，学生更容易放松，有助于他们克服交际的焦虑感，从而提高学生的学习动机，培养学生的独立性、创造性等。

（四）情景化原则

语言的运用总是在一定的情景和场合下进行的，口语教学的目标之一就是使学生能够在不同的情境下说出得体的语言。在英语口语教学中，教师要重视情景的运用。情景可以帮助学生理解交际的场景，也可以帮助指导学生正确使用语言。设置一定的情境进行口语练习，不仅可以检查学生能否恰当使用所学语言，而且可以让学生学习在新的场景下创造性地运用语言，同时可以帮助学生在现实生活中碰到类似交际场景时能够应付自如。

教师在设定情景时，最好设置学生感兴趣的话题或是贴近学生生活经历的情景，因为这些与学生息息相关的情景能使学生产生强烈的参与意识，增强学生参与口语交流的兴趣。

例如，可以设定在家中吃饭的情景，让学生议论饭菜是否好吃，讨论某一道菜的做法，或者谈论饭后的活动安排。然而，要设计学生感兴趣的、与学生的生活息息相关的情景并非易事。为此，教师要充分考虑学生交际的愿望和目的，设计有趣的主题或话题，把学生感兴趣的话题融入口语教学内容中。

（五）平衡流利性和准确性原则

英语学习的目标之一是让学生能够用英语准确而流利地表达自己的思想。口语作为一种产出性技能，既要求流畅，又要求准确，更要求得体。因此，教师在口语教学中应该强调流畅性、精确性和得体性。教师应多提供一些能够鼓励学生自由地使用语言、模仿真实语言的练习机会，以便训练学生语言的准确性、流利性。一个真正的口语熟练者，既要求讲得自然、得体，又要求说得流利、准确。不过，在现实的交际活动中，交际活动的双方最关心、最注意的是信息的传递，尽管会出现一些不完整的、带有语法或逻辑错误的句子，但这并不影响交际活动的顺利进行。在某些情境下，说话者可能只说一个词，听话者就已经完全明白其意思了。

总之，教师在进行口语教学时，不必要求学生的表达必须一词不差。即使对一些必须纠正的口语表达错误，也应当在学生讲完以后再进行纠正，不宜为了纠正学生的错误而不断地打断学生的讲话，否则将会导致学生因为害怕犯错误而不敢开口。

四、高职英语口语教学模式改革的策略

（一）改变教学观念

针对高职院校的英语口语教学，教师要结合新形势下的英语口语教学，积极转变教学思想观念，改变传统的以教师为中心的课堂教学环境，积极发挥学生的学习积极性，更好地帮助学生发挥自身的学习主体地位，从而更好地激发学生参与英语口语实践的兴趣和能力。在实际教学中，教师要改变传统的以教材内容为中心的讲解教学方式，而是要结合教材内容有针对性的拓展延伸，转变教学方式，组织学习小组进行探讨研究，针对口语教学，可以组织学习竞赛和情境教学等教学方式，激发学生的口语学习兴趣，引导全体学生参与到英语口语实践与探究中，更好地提高学生的口语交际能力。

（二）提升教师信息技术应用能力

信息化教学的广泛应用，班级授课方式的改变，在很大程度上决定了英语教师需要重新定位自己在口语课堂上的角色。首先，在口语课堂开始前，教师要做好网络知识的收集和整理。在信息时代，教师应该充分运用互联网去搜索和链接各种有助于英语口语教学的电子信息，并且进行甄别和选取。其次，教师要做好英语口语教学活动的幕后设计者，担当好课堂设计和课堂活动组织者的角色，这对于课堂教学的有效性起着至关重要的作用。最后，为了全方位保证学生在信息技术网络和软件支持下的学习效果，教师要随时监管学生的口语学习进度和状态，并给予及时的评价和反馈。

（三）积极利用多媒体技术展开英语口语教学

高职院校开展英语口语教学，需要结合新型的教学设备和多媒体技术展开英语口语教学，尤其要将口语教学落实到课堂教学之中，积极改变学生的学习状况和学习态度，改变以教材为中心的教学模式。开展英语口语教学要综合分析全体学生的学习情况，注重发现每个学生的学习潜力，更好促进学生的个性化发展。在教学过程中，教师要借助多媒体技术向学生展示英语口语视频和英语教学电影和诗歌等内容，让学生理解英语国家的

文化风俗和社会背景，更好地理解和掌握英语口语知识，同时教师要组织开展课外环节的口语实践活动，注重培养学生的语言交际能力和语言表达能力。另外，进行英语口语教学的教师可以组织外教开展教学，通过更接地气的课堂教学，让学生感受到更加丰富的课堂教学内容，从而有效提高英语口语交际能力。

第六节 高职英语写作教学模式的改革

一、高职英语写作教学的基本理念

（一）国外大学写作教学理念

在美国大多数大学里，写作课程是全校本科新生的必修课，这就仿佛是要求中国大学生也必须学习中文写作一样。乍一听匪夷所思，实则意义重大。哈佛大学自 1872 年开设写作课程以来，一直把它列为全校本科生的必修课，这已经成为该校历史悠久的学术传统之一。他们的写作课理念是“写作和思考密不可分，好的思想依赖于好的写作”。虽然写作课也会涉及语言风格，但是他们的主要教学内容是论证策略（strategies of argument），也就是教学生如何在写作过程中寻找和组织令人信服的观点和证据。

另一个例子是斯坦福大学，他们也把写作列为全校本科生的必修课程。斯坦福大学在介绍写作课程时明确地指出，“斯坦福大学所有的教师都期望学生在写作和演讲中有力地表达自己的观点。我们的写作课程要求正是为了帮助学生达到这样的期望而制订的。”斯坦福的学生必须完成以下三个阶段的写作课。

第一阶段的重点是分析性写作和研究性议论文写作；第二阶段整合了写作、研究、报告展示等相关学术活动形式；第三阶段是专业写作，要求学生在自己的专业内选择一门涉及写作任务的课程。和哈佛大学一样，把写作能力堪称思考能力的前提，把写作训练作为本科培养方案的重要组成部分。

可见，美国大学并不是把写作简单地视为语言技能，而是一种学习和研究的能力。美国大学里的很多课程都会要求学生写论文，这一类写作通常需要学生在下笔前做大量的调查和研究。几乎所有美国学生都有这样的体会：他们花在调查、研究、思考和讨论上的时间可能比写作的时间都长。通过论文写作，教师希望培养学生分析问题、解决问题的能力，进而在写作中深入了解自己的学科，并具有创造新知识的能力。教师在评判学生的课程论文时，考查的是他们对学科中某一研究课题是否有深刻的认识，是否能清晰、有力地表达自己的观点。既然写作对于大学专业学习如此重要，而大多数本科生在中学阶段又没有学习过学术写作，就没有理由不把写作课程列为新生的必修课。

而哈佛大学教育的核心价值定位之一是“rejoice in discovery and critical thought（鼓励学生尊重观念及自由表达，乐于发现与思辨）”。在享誉全美国甚至全球高校的耶鲁大学英文系，本科生对不同时期和不同体裁的文学作品学习的最终目标也是要“gain deeper insight into human experience and emerge as stronger writers and more powerful analytical thinkers（获得对人类经验更深刻的洞察力，并成为更强健的作者和更有影响力的分析性思考者）”。类似地，英国剑桥大学的核心使命之一正是“the encouragement of a questioning spirit（对怀疑精神的鼓励）”。可见，在西方教育中，培养学生的思辨能力是世界一流大学的共同使命。

（二）国内大学写作教学理念

长期以来，我国英语写作教学偏重语言技能训练，包括对词汇、句法和篇章表层结构的分析与模仿，而忽视对思维能力的培养。这是考试指挥棒下的必然产物。必须承认，恰当准确的语言形式是外语教学的重要目标之一，是语言表达的基础和关键一环，但若外语教学仅限于此，将不能满足社会对英语人才培养的要求和期待。从学生的毕业论文到生活中的总结、报告，甚至书信等现实的写作任务，不仅要求写作者具有扎实的语言基本功，同时也对写作者的对比、分析、归类、概括等逻辑思维能力和创造性能力提出了更高的要求。因此，一些学生和教师过多地把用词准确、语法正确、结构工整作为优秀英语写作的追求目标，是有失偏颇的。实际上，除了语言和写作技能训练，大学阶段的英语写作教学应该更加重视文章内容的思想深度、内在逻辑、创新创意等思辨能力的培养。

对于学生思辨能力培养的要求，在《中华人民共和国高等教育法》总则中已有规定：“高等教育的任务是培养具有创新精神和实践能力的高级专门人才……。”这里的实践能力，尤其是创新精神的内核其实就是思辨能力。唯有具备思辨能力才能进行创新和实践。从根本上来说，创新是思辨能力的体现，而实践能力只有在高级思辨能力的指导下才能有所创新。《大学英语教学指南》（教育部最新版）一个历史性的进步便是在发展目标中明确体现了对思辨能力的重视："能就广泛的社会、文化主题写出有一定思想深度的说明文和议论文，就专业话题撰写简短报告或论文，思想表达清楚，内容丰富，文章结构清晰，逻辑性较强；能对从不同来源获得的信息进行归纳，写出大纲、总结或摘要"。

大学教育给学生最宝贵的财富应该是能力，确切地说，应该是"可迁移的能力（portable skills）"，即学生毕业时可以从大学带走的能力。这些能力适用于多种工作和环境，不受专业的限制。美国佛蒙特大学就业服务中心曾把这种可迁移的能力划分为七类：思辨能力、沟通能力、人际交往能力、领导与组织能力、信息管理能力、设计与计划能力、研究与调查能力。显而易见，思辨能力位列第一，它是一个受过高等教育的知识分子最典型的特征，应该作为大学教学的核心目标，以保证学生的可持续发展和职业转换能力的获得。教学理念的革新表现为英语写作教学目标的演进，而教学目标的实现则有赖于教学原则指引下的对教学理念的实践贯彻。

二、高职英语写作教学的主要内容

（一）写作选词

词语是构成文章的基本单位。词语的选择与作者本人的爱好有关，也是作者个人风格的体现，影响着作者和读者之间的沟通和理解。因此，写作过程中应注意选词。词的选择包括概括词与具体词的选择、褒义词与贬义词的选择、正式用词与非正式用词的选择、拟声词的选择、形象词的选择等。词的选择不仅要考虑语域因素，而且还要考虑角色因素及读者对象的因素。

1. 词的基本义和引申义

任何的词语都由两种含义构成，即"基本意义"和"引申意义"。前者指的是词语本身所固有的客观的含义，而后者指的是人们对某个词有了情感反映，导致词语具有引申意义或转折意义。例如，jewel 原意为"珠宝"，由于人们喜欢珠宝，所以常用它来形容一个人很有价值，后者就是引申意义。通常，引申义比较含蓄，常常带有使用者的感情色彩和主观态度。

2. 词的具体确切和笼统抽象

英语中有的词意义具体、形象，有的词意义则笼统、概括，二者功能不同，适用的场合也不一样，这一点也是学生选词时需要注意的方面。一般来说，汉语中用词比较笼统，如“专家”既可以用来指对某一学科有专门研究的资深学者，也可以用来指到我国从事某项技术工作的外国人。相比之下，英语中的用词比较具体，如英语中的 expert 一词指的就是 a person who is very skilled at doing something or who knows a lot about a particular subject，在使用的过程中，还会更加具体为 physicist 和 biologist。同样的例子还有很多。例如：汉语中将所有的杂志都称为“杂志”，而英语中又可细分为 journal（学术期刊）、periodical（定期出版的杂志）和 magazine（一般性杂志）；汉语中凡是出现在文字或画上面的词汇，并概括其内容的文字都称为“标题”，但在英语中却有 headline、headings、caption 和 title 的区分。

与一般的词汇相比，具体词汇的信息量更大，表达力也更强。具体词汇的使用能够使文章更加准确、清楚、生动，所以在进行英语写作时要特别注意掌握并运用具体词汇。例如：当人们想要表达“走出房间”这一意思时，最简单的表达是 walk out of the room；如果人们想要表达一个人匆忙地走出房间，人们可以用 rush、burst、hurry、dash、fly、break 中的任意一词代替 walk；还可以用 sneak、steal、creep、tiptoe 等词来表示某人偷偷摸摸地走出房间等。

3. 词的多义性

英语中一词多义的现象比较普遍，所以要想做到选词准确，必须掌握英语词语的多义性。英语中常用词的多义性表现得尤为明显。

需要注意的是，在同一段文字或同一篇短文中不宜过多地使用同义词语的多种搭配，以免让人产生单调和不自然的印象。对于英语中一词多义的把握可以根据词所属的类别加以判断，如 like 这个看起来简单的词在不同的属性状态下有着不同的含义。

4. 词的搭配

词语的搭配关系不同，意义也就不同。可见，搭配对词义的影响较大。如果一个人只知道一个单词，却并不知道它的搭配意义，这不能算是真正掌握了单词；即使一个人掌握了大量的词汇，如果不懂得词语的搭配，那么他也很难写出一篇像样的文章。需要说明的是，词语间的搭配并不是随意的，而是有一定范围的限制。

5．删除冗言冗语

英语初学者经常出现的问题是用词数量总是超过需要的数量，即表达中存在很多多余词语。这些多余词语严重损害了句子的简练程度，应予以删除。

6．避免语义重复

由于英语表达崇尚简单，而汉语的表达崇尚烦琐，因此中国学生往往在写作中会出现重复的问题。而这种重复可能是某一个单词的重复，也可能是语义上的重复。因此，在写作能力培养中，教师应该引导学生删除这些不必要的重复，使文章的语言更加简单明了。

（二）写作句式

英语中句式的种类繁多，常见的句式有强调、倒装、省略等，并且每一种句式的变形又是多种多样的。在写作教学中，教师可采用“示范”和“讨论”的方式引导学生进行练习，增强学生对句式的认知，引导学生掌握正确的表达方式。

1．改变开头

英语句子一般以主语开头，但如果所有句子都用主语开头，就很容易令人生厌。对此，学生不妨改变句子的开头，用分词短语、副词修饰语、连接词等开头，以丰富句子的表达形式。

2．丰富语态

尽管相对于汉语而言，英语中被动语态的使用频率较高，但相对于主动语态而言，被动语态仍是少数。然而，如果所有的句子都用主动语态就会显得单调乏味，若能适当转变语态，增加几个被动句，势必能令语篇更吸引人。

3．巧用反问句

陈述句是用陈述的语气叙述事件、说明事理的句子。陈述句在英语表达中十分常用。尽管如此，若一篇文章中只有陈述句则会让人觉得疲乏、波澜不惊。基于此，学生可以选择采用一些反问句，一方面可使得句子充满新鲜感；另一方面也可以突出主题、渲染气氛，使句子更加具有表达力和感染力，同时发人深省。

（三）写作结构

1. 谋篇布局

写作不能急于求成、拿起笔就写。而应首先谋篇布局，根据写作目的选择合适的拓展模式。学生应了解不同题材、体裁的文章是如何布局的，才能在行文时“走对”方向。段落结构一般以主题句—扩展句—结论句的方式呈现；篇章结构一般以引段—支撑段—结论段的方式呈现。另外，不同题材、体裁的文章，其谋篇布局的方式也不尽相同。在议论文中，主题句用来陈述作者的观点，扩展句用来扩展细节、阐述原因，而结论句则用来总结或重述论点；说明文中，主题句用来介绍主题，扩展句用来以时间、重要性等顺序扩展细节、说明主题，而结论句用来重述主题、概述细节。由此可见，谋篇布局是写作一篇文章的前提、根本，只有文章布局合理，才能保证写作的质量。因此，在英语写作教学过程中教师应强化学生谋篇布局的意识。

2. 完整统一

文章的完整统一指的是所有的细节都服务于主题。例如：事实、原因、例子等细节都围绕主题陈述和展开，所有的信息都要与主题相关，与内容切题；所有偏离主题的句子都要删除，同时保持文章段落的完整性。在教学的过程中，对于这方面的训练也是非常重要的，在训练的过程中可采用专项练习方式，如设计含义不相关的段落、组织学生修改等，以增强学生这方面的意识。

3. 和谐连贯

和谐连贯是指段落中句子顺序及思路的安排必须具有逻辑性，句子和句子之间要有机地联系在一起，文章内容必须一环紧扣一环，流畅地扩展，使段落成为一个和谐连贯的整体。要做到段落篇章的和谐连贯，就必须借助于衔接词的使用。使用恰当的衔接词可以把句子与句子有机地联系起来，使行文流畅，并引导读者随着作者的思路去思考问题。

因此，衔接词的专项练习在英语写作教学中是必不可少的项目。对于衔接词语的使用可采用“短文填空”进行专项训练。

三、高职英语写作教学的基本原则

（一）以学生为中心原则

在英语写作教学中，以学生为中心的教学原则是首要原则。英语教师不仅需要将自身主导作用充分地发挥出来，而且应将学生的主观能动性最大限度地激发出来。教师在英语写作教学中围绕学生实施写作教学，对学生的主体性地位予以充分尊重；同时，教师可以主动地组织多样化的教学活动，鼓励与支持学生积极地参与写作的过程，而最有效的方式就是小组讨论，因此我们以小组讨论为例说明如何做到以学生为中心。具体来说，在小组讨论时，教师可以采取以下几种活动达到帮助学生提高写作的目的。

1．提问式

在小组讨论中，提问是核心。归纳总结及协助学生表达思想，从而最大程度降低在写作过程中学生遇到的难题，这是提问的关键作用所在。提问重在把握的合理性，体现在以下两方面：其一，提问方式应具有合理性；其二，提问次序要具有得当性。除此之外，英语教师应保证问题的提出具有清晰性和准确性，针对问题的回答，学生往往可以给教师提供反馈信息，由此一来，教师可以有效地把握学生的学习状况及其能力。

教师在问题提出前，应对回答方法进行明确，最好保证学生回答的次序性，防止课堂秩序杂乱。此外，教师还要注意把握问题的难易程度，要照顾到不同层次水平和能力的学生，尽量使全体学生都可以成功地参与到整个活动过程中去。

2．复习式

复习不但能够协助学生对其学习的知识进行巩固，而且能够使学生更加清晰地认识到自身的不足。英语教师在运用复习式方法的过程中，切记不要对知识进行单一的重复，需要让学生感受到新颖性。除此以外，教师应适当提高讲授速度，防止学生出现不良的情绪。

3．卷入式

卷入式能够在最大限度上确保学生有更多的时间参与到学习活动中，英语教师需要给予全部学生参与和回答的机会。譬如，既可以让学生对问题进行重复抑或对答案进行重复，也可以让学生提出问题或学生集体进行回答。

4. 反馈式

对整体或个体基本状况进行了解与掌握的最有效的方法即为反馈式。小组讨论能否组织成功在很大程度上取决于全班的反馈信息是否能够随时获取。如此一来，英语教师能够针对每个学生的实际状况对问题进行合理调整，进而确保全班学生参与其中。英语教师为了对每个学生的情况有所了解，可以让学生将答案快速地写在纸上，继而对全班进行巡视和检查，旨在能够获取反馈信息。

5. 学生互助式

通过学生互助式能够对某一问题由学生进行互相问答抑或若干学生协同完成，在该过程中，学生能够意识到对别人的看法予以支持或尊重。学生互助式重在对学生间的互相协作进行鼓励和支持，从而共同解决问题，而并非英语教师将答案直接公布。

综上所述，英语教师在组织讨论时应运用多样化的技巧与形式，为此需要按照学生英语水平的差异及班级的大小采用合理的方式。然而，需要提及的是，无论采用哪一种技巧形式，均应确保学生有极大的兴趣参与其中。除此之外，讨论的内容也可以是多样的。例如，教师可以组织学生围绕作文内容进行讨论，帮助学生拓展思路、发散思维，使得作文的内容充实、紧紧相扣。除了内容和形式，教师也可以组织学生就文章具体的格式、结构与体裁进行讨论，帮助学生写出格式规范的作文。

（二）循序渐进原则

第一，基于语言自身角度而言，写作训练应着手于句子的写作，再到段落直至语篇。在英语写作中，词是最小的单位；根据特定的规则，词可以排列为句子，通过句子，人们之间就能够在思想上交流、在信息方面进行传播；在句子根据逻辑相关性进行系统排列的情况下就产生语篇，所以，教师要首先注重学生词、句的写作，循序渐进地转向语篇，方可为其奠定稳固的写作基础。如果学生对基本句型有所掌握，并可以对简单的句子进行写作时，英语教师则可让学生按照某些体例写出篇幅不大的文章。教师在实际写作施训过程中，应培养学生良好的写作习惯，不仅要对标点符号、大小写加以重视，而且要对单词和句子的书写加以规范；在文章的写作中，教师要教会学生如何构思文章、分析段落结构、段落的中心句、句与句之间的逻辑关系、运用正确的写作技巧等。

第二，在训练议论和描写、说明与叙述这四种文体的过程中，首先需要对单项表达方式的训练加以重视。针对每次训练来讲，其字数要由少至多，待学生对每一项技能掌握之后，方可实施组合训练，即两项以上的技能训练。具体来说，在进行各种文体的实际练习时，教师要先向学生讲解各种文体及其语言特点，然后说明写作要求和字数要求。在学生能够自己完成某项练习时，再进一步引导学生综合使用写作方法进行简单应用文的写作。

（三）综合性教学原则

在英语写作教学中，教师应综合应用读与写、听与说等多项技能，究其原因在于读与写、听与说等各项技能可谓互相促进、相辅相成。例如：学生经阅读后能够得到丰富的信息，能够对写作中产生的问题及时发现；学生经课堂讨论对各自的写作意见进行沟通，进而不断地完善自身的写作能力；从某种角度来看，不管针对前期写作准备抑或后期写作校对，读与写、听与说等技能自始至终均在写作过程中有所体现。因此，只有综合运用读与写、听与说等多项技能才能让写作课变得生动而鲜活。在实际写作教学中，英语教师应将读与写、听与说密切联系在一起，给予学生多样化的能力训练，从而全面促进学生各项技能的提高和发展。

四、高职英语写作教学模式改革的策略

（一）营造英语写作的学习环境

当今的大学生之所以英语写作技能不突出，主要是因为当前的英语教学并不重视英语写作教学，学生主要进行的都是英语阅读练习，无论是听力、口语还是写作，都缺少相应的学习环境。而英语写作，由于在考试中，分数比例最小，因此无论是教师还是学生，对于英语写作的训练都是少之又少。营造一个好的英语写作学习环境，有助于构建“环境模拟与实践练习”相结合的模式，帮助学生提升英语写作能力。而营造英语学习环境，可以有多种途径，如教师可以帮助学生参与一些中外合作教学项目，报名外教的课程，进入外国朋友的交流圈等。学生可以通过自身主动或外界推动来改变自己的英语学习环境，营造一个有利于英语写作的语言环

境。如果能得到外国朋友的帮助，修改自己的英语作文，对于自身提升英语写作能力更是大有助益，对于构建英语写作教学模式更是大有帮助。

（二）整合教学资源，拓展教学范围

目前，高职英语写作教学内容已经可以拓展到课外，深入到网络空间当中。因此，教师可以充分利用网络媒体、互联网资源等让学生可以从更多的渠道开展英语写作学习。互联网中的海量资源拥有图文并茂、反馈及时等特征，可以为大学生英语写作的学习提供良好的平台。因此，教师在大数据环境下开展英语写作教学时需要整合教学资源，拓展教学范围，将互联网搜索引擎、在线翻译网站、语料库资源等统一整合到英语学习平台当中，让学生可以在学习平台中利用大数据的各种资源来完成英语写作的各个过程。

（三）重新构建考评体系

在大数据环境下，传统的纸质媒介已经被电子媒介所取代，人们获取信息的渠道和方式逐渐发生改变。由于新兴媒体传播范围广、传播速度快及受众面多等特点，如今人们更加倾向于通过电子产品和网络媒体获取和传播相关的信息。因此，在高职英语教学中，教师就可以利用这一特点来进行教学，建立新型的考评体系，从多个方面来考核学生的写作水平，展开多元化的评价，并建立相关的奖励机制，对优秀的学生给予一定的奖励，从而提高学生写作的兴趣。只有综合考评学生的能力，扩展学生的思维，提高学生的积极性，才能真正做到对学生有利。这种打破传统教学方式的评价方法，帮助学生解决了很多平常遇到的问题，更加体现了对学生的公平公正，也使学生的能力得到了提高，促进了学生英语写作水平的提升。

第七节　高职英语翻译教学模式的改革

一、高职英语翻译教学的重要性

（一）翻译有助于写作能力的提高

翻译有助于写作能力的提高，特别是“中译英”对于学生的写作能力大有帮助。例如，“我们通常在家和地铁之间来往，这是他上班的必由之路。不管什么样的天气，无论自己的身体状况如何，他都坚持上班，从不旷工。在别人不能坚持的情况下，他也会到办公室去工作，因为这对他来说是一种自豪。”翻译成：“We usually stay at home and the subway between, this is the route one must take him to work. No matter what the weather is like, regardless of their own physical condition, he insisted to go to work, never absenteeismo In the case of others can not insist on, he will come to the office to work, because it is a kind of pride.”

在给学生布置了一篇与环境有关的作文后，学生普遍的做法就是先将作文用中文把内容的提纲列出。例如：环境对于人类的重要性有哪些；当今，我们身边环境恶化的现象有哪些；对每一个现象进行原因分析；结论，地球只有一个，地球是我们的家，呼吁全社会爱护环境，要从身边做起，从一点一滴的小事做起。然后，鼓励学生将每一部分翻译成英语，对框架结构进行内容上的补充，使得文章更加充实。在这一过程中，学生会想办法将母语与英语相结合，无形中提高了学生的翻译能力、阅读理解能力和写作能力，有利于学生加深对英语文化和母语文化的理解，更好地服务于英语教学。

（二）翻译可以提高大学生的阅读能力

大学英语的翻译教学过程可以分解为准确地理解、恰当地表达、校对三部分。其中，理解是表达的基础，在高职英语教学过程中，针对校对这一环节，是在对原文准确翻译的基础上，通过口语的表达衡量学生对课文的理解程度。

例如，“Wherever they occurred，inefficiency and waste were attacked and nonessential projects were brought swiftly to an end.（他们的出现，我们要反对效率不高与浪费的现象，还要控制工程项目。）”这样翻译的占15.3%。出错的原因在于学生对于“他们”涵盖的主要内容是什么并没有理解，也就是并没有对全文加以理解，只是把字面上的内容翻译下来了而已，句子中的“效率不高和浪费现象”根本就不适合英语的表达习惯。在英语中，一般是名词做主语，主、从复合句中的主语相同的情况下，从句的主语是要用代词代替的。根据这一习惯，就可以看出来句中所指为一件事物。我们根据语境在译成汉语的基础上，需要根据西方英语的用词习惯和语境做调整。那么上面的句子就应翻译为“无论效率不高和浪费这两种现象发生在何处，我们都坚决地反对。还有，需要结束那些其实属于不必要的项目”。

又如，“We believe，they died in search for a panacea to allay the winds of dogma and the gusts of revolutionary tendency towards a more peaceful，freer and more harmonious society.（我们相信，他们为了寻找一种万应灵药，以遏制教条的风气，防止革命的风暴，为实现一个和平、自由、和谐的社会而牺牲生命。）”分析：该译文主要存在两个问题，一是对winds和gusts这两个词在这里的比喻用法意思理解不准确，wind在这里的意思是something thatdisruptsor destroys，这一用法在一般的词典上很少提及；二是译文定语部分太长，读起来很别扭，不符合汉语表达习惯。试译为：我们认为，他们献出自己的生命，为的是寻找一种万全之策，以减轻教条主义和革命倾向带来的动荡和破坏，建立一个更加和平、更加自由、更加和谐的社会。

可见，良好的阅读理解能力是英语翻译的基础，英语翻译又能促进学生良好的阅读习惯的养成，对关键词句的推敲，可以帮助学生阅读水平和阅读效率的提高。

二、高职英语翻译教学的基本理念

翻译教学是培养翻译人才的主要途径，也是英语教学中的重要组成部分。西方翻译界早在20世纪60年代就开始关注翻译教学，并指出：“翻译是一门独立的学科，翻译教学区别于纯正意义的语言教学，翻译教学需要进行专业的翻译训练。”随着翻译研究的深入，翻译教学已从和语言教学有关的翻译行为中独立出来，目前已经展开了有关学科定位、培养目标、课程设置等多维度的研究。翻译教学的目的是使学生掌握必要的翻译知识，初步习得翻译技能。其理念大致包括以下五点。

（一）翻译教学的先导

翻译理论是翻译课程的先导，理论的意义在于它对课程的指导作用，就目前的理论而言，不仅学派众多，而且理论繁杂。如果把不同学派的理论观点和相关内容全都搬进翻译理论中，不仅使人感到空乏，而且也不具备科学性。很多翻译理论都是传统的理论，多来自宗教和文学，相对来说比较缺乏实用性。据有关数据统计，大部分的翻译理论只适用于占每年翻译工作大概 4 %的文学翻译，而占了超过 90 %的实用翻译则在理论层面很少谈到。这种理论与实践上的不平衡使得很多人都觉得翻译理论不切实际。

相比较而言，翻译功能目的论是比较切合实用翻译的。该理论认为：决定翻译过程的不是原本本身或原本对接受者产生的影响或反映，亦非作者赋予原本的功能，而是译本的预期目的与功能。实用文体翻译一般都有现实的甚至功利的目的。这种目的在很大程度上受翻译委托人、译本接受者及其文化背景和情境的制约。目的和功能是实用文体翻译的依据，而功能目的论的理论核心也在于目的和功能两相印证，理论和实践可以很好地结合。

事实上，学校开设翻译课就是为了让学生在实践中能够学会运用，而从实践中，也能够看到，学生选择这门课很大程度上也是为了在相关考试得高分或为今后实际工作而考虑。因而，如果用翻译的功能目的论指导学生的翻译课程将有利于调动学生学习的积极性和创造性。

（二）翻译教学的基础

翻译教学的基础是语言的对比，学生在学英语的过程中都有这样的体会：一旦脱离说英语的环境，我们总是本能地说中文。这一点对初学者来说更加明显。然而，当我们有了一定的词汇量时，我们就会愿意说英语，但是在这个过程中，我们会把中英文进行对比，也就是说，当我们有些短语不知该怎么翻译时，就会用中文的思维方式去翻译。比如，20 世纪 30 年代有人把“the Milky Way”硬译成“牛奶路”已成为翻译史上的趣谈。学生把“他的英语水平比我高”译成“He knows more English than I.”这种汉化的英语就是由于不了解英汉两种语言形式上的差异，而造成生搬硬套的结果。在两种语言的转换过程中，译文是对比或比附的产物。翻译课的目的是把不自觉的错误对比转化为有指导的对比，从而深入认识两种不同语言的异同。

语言对比的重点在于同中有异及各有不同这两个方面。各不相同之处有很多，重要的如词序的不同、信息重心安排的不同、连接方式的不同等。以同中有异为例，在英语和汉语中均有介词，有时用法也是相同的，但是汉语介词多数从动词变化而来，有的到现在还难于确定它是动词还是介词，而英语的动词和介词截然不同。由于这一区别，英语介词在汉语中往往要用动词来翻译。

（三）翻译教学的主干

翻译教学是以翻译技巧为主干的，因为掌握翻译理论和语言对比的规律只是从科学的角度帮助译者了解翻译的实质与原则，帮助其开启正确的、完善的翻译思路，而要真正搞好翻译，还需要勤学苦练、潜心实践，另外还要注意翻译的方法，讲究翻译技巧。翻译课是以继承和传授前人已经总结出来的宝贵经验为其主要内容的，这些经验包括理解和表达两个方面，反映在翻译的方法与技巧上。

（四）翻译教学的手段

翻译教学是以分析综合为手段的。在翻译中，对于同一个句子我们可以有几种翻译，语法结构都没有错误，可是肯定会有一个是最佳的。要想翻译得精准，不仅要求译者头脑通达、清晰、锐利，还要有很深厚的文字功底。这样翻译出来的句子或文章才会思路完善透彻，语言清新、优美、简洁。

（五）翻译教学的载体

通过翻译，可以清楚地看到英汉两种语言在表达方面的异同，翻译教学更是全面检验和提高学生英语水平的有效手段。课堂教学是翻译教学的载体，教师通过课堂可以尽量详解教材，并对知识、技能、过程、方法与情感、态度及价值观进行相应的引导。对于翻译课堂存在的问题应进行及时的处理，只有优化翻译课堂，才能保证翻译课堂的有效性。

课堂教学应努力贯彻以实践为手段、以学生为主体的原则，大致可包括五个环节：教师讲解、范文赏析、译文对比、学生练习和练习讲评。

①教师讲解。讲解的重点是以英汉语言对比为基础分析译例，提示技巧，把学生对翻译的感性认识提高到理性认识。

②范文赏析。选择一些语言优美而又平易的名人名译，既有赏心悦目之效，又有借鉴临摹之功。

③译文对比。选择同一原文的两三种不同的译文，让学生比较揣摩；可以比较译文的优劣，也可以比较不同的译德译风，择优而从，见劣而弃。

④学生练习。练习贯穿于整个教学过程，也是翻译教学的重要环节，包括课前复习、课内提问及课后作业。

⑤练习讲评。练习讲评多从两种语言特点的对比和分析着眼，从翻译思维中的一些具体障碍着手，不就事论事地纠缠于细枝末节。

三、高职英语翻译教学模式改革的策略

（一）创新翻译教学方法

课程教学改革下，在高职英语翻译教学中，应重视翻译教学的多元化，改变灌输式教学方法，带动学生翻译学习积极性，以此实现翻译教学的有效性。从学生个性发展来看，单一的授课模式，不利于学生学习主动性的激发。因此，在高职英语教学中，教师可以采取探究性教学方法、案例教学方法、情境教学方法、导入教学方法、读写译结合教学方法等，培育学生英语核心素养。

与此同时，随着互联网教育时代的来临，教师可以依托于互联网平台，为学生开展线上线下翻译教学活动，创新翻译教学模式，进而增强学生翻译能力。例如，在翻译教学中，借助网络教育资源的优势，减缓翻译理论教学的抽象性，增强学生对翻译知识、技能的深入理解。

此外，学生在互联网平台可以充分利用网络教学资源，诸如利用微课等形式掌握翻译理论知识，在课下教学中，教师可以组织学生开展实践教学活动，为学生提供平台，引领学生进行翻译，诸如开展小组合作学习模式，促进学生合作、学习、探究知识，使学生在研讨中完成翻译学习任务，以此培养学生实践能力。

（二）依托互联网丰富英语翻译教学内容

教学内容是翻译教学开展的基础和出发点，教学内容更是直接影响翻译教学的效果及翻译人才的水平，当前高职英语翻译教学的内容陈旧落后，偏离了社会需求，因此创新翻译教学内容迫在眉睫。互联网是英语翻译教学内容创新的重要辅助工具，互联网中包含海量的各类信息和资源，翻译教学材料也非常丰富，学校和教师要及时关注和筛选高质量的内容引入翻译教学，不断更新英语翻译教学内容。首先，翻译教学的教材要及时更新，教材是翻译教学的主要依据，教师在教学过程中要及时审核教材中的内容是否符合学生需求及社会发展，对于陈旧落后的内容及时剔除，并从互联网中搜索内容进行补充。同时教师要通过互联网了解翻译教材的更新状况，定期更换翻译教材，保证教学内容紧跟时代发展。其次，要丰富创新翻译教学的内容不能仅仅局限在书面内容上，教师还可以从互联网中搜索与翻译相关的电影或视频资源，并将其引入课堂教学，不仅可以让学生从视觉和听觉方面了解实际的翻译工作中涉及的知识和技巧，而且可以更好地补充和丰富翻译教学内容。

（三）英语翻译教学中积极引入互联网学习模式

随着互联网的广泛普及和应用，各种新的学习模式依托互联网应运而生，这些新的教学模式打破了传统教学方式中时间和空间的限制，给人们的学习带来了极大便利。当前，受到广泛应用和好评的互联网学习模式主要有微课、慕课、翻转课堂等，在英语翻译教学中引入互联网学习模式可以很好地改进以往教学的不足，提高翻译教学质量。首先，微课在针对性解决学生翻译学习的重难点方面可以发挥积极作用，教师针对翻译教学的重点、难点和学生的薄弱点录制相应的教学小视频，还可以将一些经典翻译案例、片段等放入小视频中，学生可以利用碎片化时间进行针对性学习，不断提升自身翻译水平；其次，慕课的优势在于丰富的网络教学资源，通过慕课学生可以获得大量的翻译学习材料，不断扩充和深化自身知识体系，有效弥补课堂教学的不足；再次，翻转课堂是培养学生自主学习能力的有效途径，教师将课堂教学的翻译知识和技能录制视频，让学生在课前进行预习和思考，课堂中教师针对预习结果进行针对性讲解和指导，可以大大提升教学效率。总之，互联网学习模式是翻译教学创新的重要途径，值得教师不断探索和实践。

第五章 跨文化视角下的高职英语教学模式探讨

在多元素快速融合的今天，跨文化交流成了身边的一种日常行为。过去的高职英语教学拘泥于教材既定的内容，学生记忆课本知识大多采取死记硬背的方式，不仅耗费了大量的时间，而且无法理清文章脉络，导致记忆效果不佳，学生英语表达能力得不到更好的锻炼。这就需要教师积极构建跨文化高职英语教学模式，以达到提升教学活动质量的目的。本章分为跨文化交际与高职英语教学、高职英语跨文化教学模式的构建、高职英语跨文化交际能力的培养三部分。主要内容包括：跨文化交际的定义、跨文化交际的界定、跨文化交际英语教学步骤、跨文化英语教学与传统英语教学的区别等方面。

第一节 跨文化交际与高职英语教学

一、跨文化交际的定义

世界范围内的人类交际经历了五个阶段：语言的产生、文字的使用、印刷技术的发明、近百年交通工具的进步和通信手段的迅速发展、跨文化交际。随着交通工具和通信手段的发展，使得全球各种文化背景的人口得以频繁流动和沟通，跨文化交际的重要性不言而喻。

中国学者将其翻译成汉语时，译为跨文化的交际、跨越文化的交际、文化间的交际、不同文化之间的交际、多文化交际、跨文化交际学、跨文化交流学、跨文化传播等。国内外学者都认同跨文化交际学的“多学科性、跨学科性、交叉学科性、边缘学科性”，与其相关的学科有人类学、社会学、传播学、心理学、语言学、哲学等，对跨文化交际存在着理解上的差异。

跨文化交际常被定义为“来自不同国家文化背景的人员之间的交际，很多学者将其限定为面对面的交际”。跨文化交际是一个符号的、解释的、相互影响的、与上下文有关的过程。在过程中，来自不同文化背景的人们创造出可分享的含义。当大量的和重大的文化差异导致不同的理解，并产生期望如何去更好地交际时，跨文化交际就出现了。跨文化交际正如其名所指，是有关不同文化之间的交际和不同文化背景的人员之间对意义归因的互动的、象征性的过程。

这里将跨文化交际定义为具有不同文化背景的人员从事交际的过程，是文化认识和符号系统不同的人员之间的交际。这些不同的文化认识和符号系统足以改变交际事件。

目前，国外的研究重点几乎放在各个维度上；在国内，认为研究的重点应集中在国际性的跨文化交际维度上。

二、跨文化交际的界定

文化和交流都依赖于一定的符号系统。交际是人们赖以生存、社会赖以活动、文化赖以传承和储存的重要机制。交际会受到文化的影响，在相同的文化中，由于人们共用一套规则，文化可以成为交际的润滑剂；而在不同的文化中，特别是在差异很大的文化中，文化就会成为交际的障碍。确定交际是同文化还是跨文化的方法如下。

跨文化交际首先是一种交际，具有交际的一般特点（如符号的运用、信息的传送与共享），也遵循着一般交际的模式，但是跨文化交际同时又是一种较为特殊的交际，有着自己的特点和模式。

在交际过程中信息的发送者和接收者会根据各自所在文化的规则来进行编码、释码和解码。如果交际双方运用的是完全相同的一套规则系统，那么就是典型的同文化交流；如果交际双方运用的是完全不同的一套规则系统，就是典型的跨文化交际。但是，在现实生活中，真正的完全相同与完全不同的交际情况是没有的。也就是说，无论两种文化有多大的差异，它们之间总会有相同之处，这是交际的基础；同样，即使是处在同一种文化的两个交际者，他们运用规则进行编码、释码和解码的过程也不可能完全相同。从理论上讲，不同人的文化和社会背景、生活方式、教育背景、性格、爱好等方面都存在差异。从这个意义上说，一个人就是一个独特的微型文化，任何人与人的交际都是跨文化交际。文化的差别可能大到不同国籍、不同民族和不同的政治制度；也可能小到同一主流文化中的不同性别、不同年龄、不同社会阶层、不同教育背景，甚至是不同兴趣爱好之间的人们。

莫瓦尔（Richard E. Porter）和拉里萨莫沃（Larry A. Samovar）曾以一个连续体的形式表明不同文化间的差异程度，很直观地表明了不同文化群体间不同程度的文化差异。如果把所有不同文化间的交际都看作跨文化交际，那么跨文化交际将包括跨种族交际、跨民族交际、同一主流文化内不同群体间的交际、国际性的跨文化交际。

在我国，跨文化交际的重点主要集中于国际性的跨文化交际维度上。一般说来，跨文化交际都被定义为“来自不同国家文化的人们之间的交流，而且许多学者也把这种交流限定在面对面交流的层面上”。因此，这里的研究中涉及的跨文化交际不包括国内同一主流文化内不同群体间的交际，只包括国际性的跨文化交际。而在交际层面，其包括跨文化人际交往。

三、跨文化交际英语教学步骤

摩根认为：“一个人的母语文化认知图式是自然形成的，而目的语文化的认知图式必须有意识地对待，因为这是一种特定的思维模式。”所以我们在教学过程中应充分发挥想象，设计各种各样的活动提高学生对英语学习的热情，加深他们对英语的理解。下面为教学活动的步骤。

（一）准备阶段

针对教学内容中所包含的文化知识，教师首先要了解学生已经掌握的程度，其次教师可以采取教师讲解、问卷测试、直接问答、词汇联想、图片实物展示等方法让学生对于将要学习的内容有一个初步的了解，使学生对将要学习的内容有大致的了解。

（二）讲解阶段

教师针对所学内容的特点采取不同的方法，使学生学习效率最大化。

1. 对比法

涉及语言交际方面的内容，如汉语里“像老黄牛一样勤恳”“力大如牛”在英语里却要说“work as a horse”“as strong as a horse”。中国人都是用牛耕地劳作，而英国人却是用马来耕作的。同样，汉语有“害群之马”的俗语，英语中翻译为“black sheep”。

涉及非语言方面的内容，如外籍教师穿着很随便，在公开场合甚至可以穿短裤，上课时有的还坐在课桌上，嘴里嚼着口香糖。中国教师则不会这样。

交际习俗与礼仪。中国人在饭桌上喜欢互相劝酒，而这在西方人眼里就是强人所难的举动。西方国家，孩子在家可以随便称呼父母长辈的名字，而这在中国是很不敬的行为。在西方国家，两个好朋友一起出去吃饭喜欢 AA. 制，而这在中国人看来是不讲朋友情面的事情。

价值观念。多数西方人个人价值至上。追求个人成功，而中国人倾向于社会、集体价值至上。

2. 翻译法

英语学习者存在的一个共同问题，即当我们在做翻译练习时，目的语中没有生词，但英汉两种语言在词汇、语法、句型结构等方面有很大差异，导致我们翻译出来的语句不符合目的语的习惯，所以典型句子的翻译在提高翻译水平的同时也提高了学习者的文化意识。如：

I very think you. 我很想你。

You how go to school. 你怎么去上学。

You give me stop. 你给我站住。

Give you some colour see see. 给你点颜色看看。

以上都是学习者在初学阶段很容易犯的翻译错误，主要是由于我们对英语语言、语法及文化缺乏了解导致的。

3. 互动法

通过英语教师与英语学习者之间的互动交流，让学生联想具有类似文化差异的中西方不同词汇或语言现象，以增强英语教学效果，提高英语学习者的学习水平。

（三）习得阶段

跨文化差异的学习最终目的是使得学习者掌握差异，从而在交际中更加得体恰当。而这些差异的理解和掌握也要通过不同的课内外活动的练习而习得。如角色扮演；努力创造跨文化交际的机会，如创造条件使学生有与外籍人员面对面交流的机会；使用一定比例的国外原版教材，并努力提高自编；教材的真实；充分利用现代化教学手段；充分利用外籍教师；引导学生阅读外国文学作品、报刊文章，推荐学生观看体现文化背景、风土人情、社会习俗等内容的电影；开展丰富多彩的课外活动，诸如文化讲座、知识竞赛等，引导学生逐渐养成自觉吸收不同文化的学习态度。

四、跨文化英语教学与传统英语教学的区别

①语言教学与文化教学有机结合，语言与文化互为目的和手段。英语语言的学习是文化学习的手段，文化学习和跨文化交际是英语学习的目的；文化学习为英语学习提供了丰富多彩、真实鲜活的素材和环境，是英语交际能力培养的重要保证。语言教学与文化教学的结合贯穿外语教学的各个阶段、各个环节。

②跨文化英语教学特别重视调动学习者的各种学习潜能和机制，多层次多渠道地进行教学。语言的学习和文化的学习都是一个终身学习的过程，学习者不可能永远依赖老师进行学习。自主学习能力的培养和文化学习方法的探索是跨文化英语教学的重要内容。

③跨文化英语教学重视学习者本族文化的作用，并将认识、反思和丰富本族文化作为教学目的之一。比较和对比是实现这一教学目的的主要方法，学习者在英语语言学习和文化学习过程中，不断地将本族文化现象与其他文化的相关现象进行比较和对比，形成对本族文化的再认识。

④跨文化英语教学体验探索式的教学方法的作用非常明显。跨文化英语教学虽然说是说教式教学方式与体验探索式教学方法并举，但后者的作用非常明显，因此高职英语教学不能只单纯注意语言教学，对文化背景知识的了解是培养学生跨文化交际能力的前提。外语教学必须重视文化之间的差异，要注意不同文化背景、社会价值观和思维模式的关系。教师应该充分利用各种手段加强语言文化导入，向学生进行文化渗透，融语言、文化于一体，让学生能同时学到语言知识和文化知识，从而提高学生的跨文化交际能力，使学生们在实际中正确运用语言。

第二节　高职英语跨文化教学模式的构建

一、设置科学的教学目标及内容

跨文化外语教学近20年来在美国和欧洲等国家发展很快，虽然术语使用上目前并不统一，但其中所体现的外语教学思路有很多共同点，例如，比亚姆（Bgyam）（1994）等学者在调查了欧洲各国语言文化教学的现状后，以欧洲跨文化交际需要为前提，提出将语言和文化相结合的综合教学，以文化为基础的交际能力的教学，以及更为普遍的基于文化的外语教学等，在这些思想理论基础上，结合我国的高职英语教学情况，跨文化外语教学的总体目标应为提高学习者的语言能力、交际能力和培养学习者的跨文化交际能力。

语言能力指的是语音、词汇、语法等语言知识和听、说、读、写、译的技能。交际能力是包括语言能力和语用能力在内的正确并且适宜地进行交际活动的能力。跨文化交际能力就是超越了具体的语言和文化群体，根据不同语境，灵活运用语言知识和技能进行交际的能力。

跨文化外语教学的目标包含语言能力、交际能力和跨文化交际能力，因而其内容应该包括语言教学、文化教学和跨文化交际能力培养三个方面。具体来说，语言教学包含基本语言知识和使用，文化教学包括文化知识和交流，跨文化交际能力培养则包括跨文化意识，跨文化交际能力和跨文化交际实践等。也就是说，在跨文化外语教学中，通过对目的语语言和文化的学习，学习者能够掌握目的语语言知识，并能使用该语言与目的语语言群体进行有效的交流。同时，在学习中能够反思自己的母语，了解语言的普遍规律，了解文化的构成、作用和发展规律，了解语言与社会和文化之间的关系，在交流中体验目的文化，反思本族文化，将目的文化与本族文化进行比较，增强对文化差异的敏感性和培养对目的文化的移情态度，并在教师的帮助和指导下，学会调适，并解决跨文化交际中可能出现的如文化冲撞、误解等问题。

教学内容的这三个方面是紧密联系、相互渗透的。语言知识和文化知识是基础，语言使用和文化交流为知识提供了实践和体验机会，跨文化意识在知识学习和实践中培养，同时又为学习者知识的学习和实践交流做好了思想准备，最终在跨文化交际的实践中培养跨文化交际能力。

这其中需要特别注意的是，在文化教学中避免出现中西文化失衡或“中国文化失语症”，即片面强调西方文化的输入，而“母语文化”缺失。“中国文化失语症”是外语教学界的从丛教授提出的，“纵观我国多层次英语教学，在增大文化含量却有着一种共同的片面性……对作为主体一方的文化背景中国文化之英语表达。基本上仍处于忽视状态”。由于忽视了母语文化在英语教学中的位置，在跨文化交际中作为交际主体的中国人，很多时候却不能用英语表达中国文化，尤其是对中国传统文化更显得心有余而力不足。在全球语境下的文化对话中，很遗憾地丧失了平等对话的能力，这也是跨文化交际的一大忌。学者一虹曾提出“生产性外语学习”，它既不同于“削减性学习”（学者由于母语文化归属受到威胁而放弃母语文化，认同于目的语文化），也不同于“附加性学习”（学习者在学习目的语、接受目的语文化的同时保持母语及母语文化归属不受威胁）。它是指在目的语学习过程中，目的语与母语水平的提高相得益彰；目的语文化与母语文化的鉴赏能力相互促进；学习者自身的潜能得以充分发挥。在“生产性外语学习”中，母语和母语文化起着积极的作用，它与文化归属的替代无关，强调两种语言和文化价值系统之间的互动作用。因而在外语文化教学中“母语文化”不可缺失，文化教学不可失衡，应帮助学生形成“生产性外语学习”，发挥两种语言文化的互相促进作用，真正实现跨文化交际。正如霍尔（1991）指出的那样，“（文化）所隐藏的东西最难被其自身的参与者所认识。多年的研究已使我坚信，真正要做的工作……是理解本国文化；人们从研究外国文化所能得到的不过是表面的理解，这类研究最终是为了更加了解自己系统的活动状况。”同时霍尔也指出了体验到外国文化与本土文化间的对比和差异所产生的兴趣和好奇心是学习和了解外国文化的最佳动机。

此外，还需要注意，在教学中避免割裂语言和文化的关系而导致的孤立而机械地进行语言教学和文化教学，两者应有机结合。语言本身蕴含着丰富的文化内容，无论语音、词汇还是句法都有其文化内涵，语言是对文化的反映，文化是语言存在和使用的环境，两者不可分割。语言的学习必然是文化的学习，文化为语言学习提供了丰富真实的环境，两者互为目的和手段。因此，应将文化教学贯穿在语言教学过程中，将语言教学融入丰富真实的文化教学内容里，让学习者学到活的语言，体味真的文化，真正享受学习的过程。

二、明确高职英语跨文化教学原则

（一）目标引领原则

目标的行动的指南。尽管我国没有统一的文化教学大纲，但是可以研读国内外外语课程标准，参照国内外相关文化教学目标，制订适合自己教学的文化教学目标，做到有的放矢，有目标、有理念引领行动。1996 年，美国政府为使外语学习者能够适应全球化发展的需要，制订了《21 世纪外语课程标准》，该标准将美国 21 世纪外语学习目标归纳为“5 C”，即 Communication（交际性）、Cultures（文化性）、Connections（联系性）、Comparisons（比较性）和 Communities（社区性）。该《标准》突出强调了外语教学中文化教育的地位。著名的应用语言学专家、美国柏克莱加州大学教授克拉姆施（Kramsch）的代表作是由牛津大学出版社出版的《语言教学中的上下文和文化》。克拉姆施认为采用完整的多元合一的眼光去看待语言与文化这“一个硬币的两个侧面”更有利于语言文化教学，使之有机地、有效地融合为一体。

比如，在设立跨文化交际能力培养目标时，就可以制订理念目标，在总的文化教学目标下，培养跨文化交际意识和敏感性，培养学习者建立文化平等观、文化理解观、文化融合观。1993 年王宗炎的《自我认识与跨文化交际》中描述的“我们应该努力把言语不通变为声入心通，应该尽量消除误会。可见，我们决不能归咎哪一方，决不能认为哪一方的文化更好，语言更美”是对文化平等观的更好阐释。理解规则是指尽量从对方的角度考虑问题，使交际中做到尊重、包容、理解对方和自己文化不同的地方。文化融合规则体现出文化是相互促进、相互影响的，没有严格的标准区分是谁的文化，而是你中有我，我中有你，文化是整体的，通过跨文化教学培养英语学习者积极传播中外文化的责任感和使命感。“母语和目的语水平的提高相得益彰，对母语和目的语文化的理解互相促进，学习者的潜能得到发挥，人格向更加整合、更加健康的方向发展”是对实现文化教学目标的解读。

（二）互动性原则

互动性原则既包括了语言与文化的互动性，也包括了中西文化的互动性，还包括教与学的互动性。教学应持发展的眼光看待语言与文化，两者是动态的，互相交织发展的，跨文化外语教学也应跟上时代的步伐，在互动发展中进行。中西文化之间应是平等对话、互动共存的关系，尤其是当今世界全球化趋势下，文化的互动共存更为明显，跨文化外语教学也应遵循这一规律，发挥中外文化学习的互促作用。在教与学的过程中，新型教学模式已经改变了单向传递的模式，强调的是教学传播过程中的双向传递、互动过程，教师教学影响着学生的学习，而学生又反过来影响着教师的教学传播行为。而跨文化交流本身就要求进行文化的双向交流，语言本身也是在交流中产生和发展的，因此，跨文化外语教学过程应是一个互动的过程，要充分发挥学生的学习参与积极性，取得好的教学效果。

（三）形式多样原则

文化教学中避免形式单一，提倡多样化的学习体验方式。

1. 个案研讨式

个案研讨式强调学习者的参与和体验，思考、讨论互动有助于提升跨文化敏感和跨文化意识。林奈尔·戴维斯（Linell Davis）编著的教材第4章提供了一个比较典型的请吃饭的例子，先是一对中国夫妇邀请一对美国夫妇吃饭，之后是这对美国夫妇回请，环绕吃饭的习俗和文化内涵十分不同。戴维斯在介绍了这一典型事例之后提出了6个讨论题交由学生讨论。在学生针对个案合作讨论中提升跨文化意识，培养跨文化交际敏感性。

2. 专题探究式

专题探究式可以针对某一语言现象进行文化探究。如以英汉禁忌语的使用探究其文化差异。邓炎昌在《语言与文化》提出的问题：Are you aRepublican or Democratic? Why did you vote for? Do you go to church? What’s your religion? Are you Catholic? 这些问题对于美国人来说是忌讳的，因为美国是一个移民国家，忌讳这些问题是为了避免冲突。而这些问题在其他国家语言中并不一定是禁忌语。全球化的今天跨文化交际培养中以语言与文化为专题探讨各国语言的文化内涵。通过语言与文化专题探讨，在跨文化交际中关注语言字面本身远远不能实现有效交流的目的，要能感知语言中透出的文化意义才能实现有效的沟通。如 suntan，词汇表中翻译成“晒黑”，西方青年人特别是白种青年人喜欢日光浴，“晒黑”是一个褒义词，而中国青年人喜欢皮肤保持“白皙”。通过比较可以加强学习者的文化敏感性。专题探讨可以协助学习者在信仰（beliefs）、价值观（values）、态度（attitudes）等方面进行文化比较分析，促进其理解能力和适应能力。

另外，可用文化包、文化丛、作品分析、影视欣赏等不同形式进行跨文化交际能力培养。

三、选用科学合理的教学方法

我国的外语教学曾先后采用过语法翻译法（简称翻译法）、直接法、听说法、认知法和交际法等几种主要的教学法。语法翻译法源自欧洲中世纪对于希腊语、拉丁语的教学，诞生于18世纪末，它是以翻译、阅读原著和分析语法为主要的教学活动，目的是培养学生的阅读能力，训练心智。其长处在于使学生语法概念清晰，阅读能力较强，翻译能力和写作能力得到提高。但不足之处也显而易见；强调阅读忽略了语言交际能力，学生语言应用技能差，交际能力差，而且教学形式单一、枯燥，学生容易失去学习兴趣。

直接法产生于19世纪下半叶西欧资本主义蓬勃发展、国际交往日益频繁的社会背景下，语法翻译法不能满足需要，针对语法翻译法的外语教学改革运动兴起。直接法主张借鉴儿童习得母语的方法，通过目的语直接学习和应用，不使用母语中介，用动作、图画等直观手段教学。其优点在于教学直观、注重实践，在培养口语能力方面效果显著。其缺点也不可避免它夸大了儿童习得母语和成人学习外语之间的相似性，忽略了两者间的差异；忽视了母语在外语学习中的作用；强调经验和感性认识，注重口语，忽略了文学修养，学习者知其然不知其所以然。

听说法源自美国在二战时期的美军外语培训。它强调听、说领先，通过反复模仿、强化操练形成习惯。其优点是重视句型结构的练习，并通过与母语的对比由易到难安排教学，有利于学习者掌握外语。但它过分强调机械性操练和死记硬背，忽视了对能力的培养，过分重视语言的结构形式，忽视了语言的内容与意义。

认知法是在20世纪60—70年代认知教学论的基础上产生的。它强调语言的学习要靠理解、掌握语言规则，重视智力活动在获得知识过程中的积极作用，认为语言学习是主动的心理活动而不是形成习惯的过程。认知法在鼓励积极思维、发展智力、注重培养学生语言综合运用能力等方面显现出优势。由于认知法强调认知语法规则，所以它也叫“现代语法翻译法”。而过分强调要在认知语法规则的基础上进行外语教学也是其缺陷，而且在实施过程中容易出现语法翻译法的老毛病。

交际法产生于20世纪70年代，主要由英国应用语言学家创立。它认为语言教学的目的是培养学生使用目的语进行交际的能力，语言教学的内容不仅要包括语言结构，还要包括表达各种意念和功能。交际法重视培养学生的语言能力，主张在交际活动中学习，教学活动情境化。交际法比较之前的教学法流派，其优点体现在重视学生的实际需要，重视交际能力的培养，体现了语言的社会功能；教学过程交际化，提高了学生的交际能力。交际法也存在一定的缺陷；功能意念项目很难确定和统计；以功能意念项目为线索组织教学大纲缺乏科学性；功能意念项目与语法、句型结构之间的关系无法协调；教学中容易放任学生的语言错误，影响交际。

许多学者认为，从20世纪90年代起在各种教学法流派纷呈近百年的“方法时代”后，外语教学进入了“后方法时代”。“后方法时代”的教学法“重视学习过程，重点在于语言知识的构建、学习动机与学习策略的培养，强调教师的主导性和学习者的自主性，以培养学习者的可持续发展能力为目标”。“后方法时代”的教学法的代表是“任务型教学法”。它是指教师通过引导语言学习者在课堂上完成任务来进行的教学。在语言教学中，任务指为达到某一具体的学习目标而设计的活动。“任务型教学法”强调“在做中学”，认为在教学活动中，教师应当围绕特定的交际和语言项目，设计出具体的、可操作的任务，学生通过表达、沟通、交涉、解释、询问等各种语言活动形式来完成任务，以达到学习和掌握语言的目的。其优点在于以任务为中心，突显真实性，使学习者在任务驱动下学习和进行知识构建，有助于培养学生的综合语言运用能力和学习的自主化。“任务型教学法”在以往教学法的基础上形成，和其他的教学法并不排斥。

四、建构科学的教学评价

文化是跨文化外语教学的主要目标和内容之一，而文化的主观性和复杂性带来了文化测试和评价的困难。传统的纸笔形式和客观量化的测试在针对强调记忆的客观语言知识掌握的标准化评价上有其优势，但却无法客观评价学习者的能力、态度和学习过程等。

因此，仅仅依赖传统的客观定量测试已无法满足跨文化外语教学的评价要求，基于“真实评价”和“表现评价”的定性分析评价法应运而生。可以通过对学习者学习过程的观察，对其学习的努力程度、进步情况、学习态度和最终成就等做出综合性评价。学习者也可以通过评价过程来对自己的学习进行反思，促进和指导自主学习。

同时，形成性评价相对于传统的终结性评价更能激励学生，帮助学生发现学习中的问题并及时调整，有效调控自己的学习过程，取得更好的学习效果。学习者容易获得成就感，有利于培养学习者的自信心，避免了一张考卷定优劣，对学习者积极性的打击和学习热情的挫败。

因此，跨文化外语教学应该采取形成性评价和终结性评价相结合的评价机制，以更客观和积极地对学习者的情况进行反馈，并对学习者的学习起到良性的反拨作用。

总体说来，高职英语跨文化教学模式是以培养学生的跨文化交际能力为终极目标，以培养学生的交际能力（包括语言能力和语用能力）为基础目标，以英语语言知识与语言技能、文化知识和跨文化交际等为主要内容，将语言教学和文化教学有机结合，集多种教学手段和方法为一体的教学模式。教学过程中教师是教学活动的组织者，整个模式以学生为主体，教师为主导。

在此模式中，英语语音、词汇、语法等语言知识和听、说、读、写、译等语言技能，以及文化知识和文化交流教学活动可以通过计算机来进行，也可以通过教师的课堂教学来进行。具体来说，“语音、词汇、语法”等语言知识和文化知识在课堂教学中进行，以便于使用语法翻译法讲解基本的的语法和语言基础知识，并对文化知识进行必要的介绍和解释，使学生形成基础的认知。同时，利用“计算机网络”的环境和条件，鼓励和引导学生开展自主学习，就文化知识主题进行搜索、学习和思考，发挥计算机和网络对学生思维发展和知识建构的参与，帮助作用，成为课堂文化学习的补充。文化知识以课堂教学为主，“计算机网络”环境下的教学为辅。

针对“听、说、读、写、译”五项语言技能的不同特点采用不同的教学环境。“听”的训练主要在“计算机网络”环境下进行，更便于多种听力素材的使用，特别是网络上丰富的原汁原味的英语听力素材，能够给学生创造近乎真实的听力环境，同时辅之以课堂教学对听力技巧和方法等的适当讲解。“说”和“读”的训练既要在“计算机网络”环境下进行，又要有课堂教学，可以借助计算机和网络进行阅读和口语及发音等的训练，课堂同时进行文章内容、体裁等的分析讲解和口语的互动。“写”和“译”的训练以课堂教学为主，以在计算机网络环境下的教学为辅，因为对于写作和翻译两种输出技能的训练，教师的面授指导最为直接和有针对性，也更有效。这里需要强调的是，文化交流是必不可少的一项内容，因为所有的学习成果最后都是在交流传播中的实现，掌握的知识，技能都要在交流传播中使用，关于文化和交流传播这两个跨文化传播核心因素之间的关系在此不再赘述，更重要的是，学生在实践交流活动中能够真正体验文化差异、直观面对跨文化交流的障碍和问题，并在教师的指导下，培养文化敏感性和跨文化交流意识，对可能产生的文化休克等情况有所体验和了解，并能灵活处理和做好自我调适。文化交流的开展既可以利用“计算机网络”的环境，也可以在实践交流活动中进行，实际上，从学生的跨文化交流需求和教学培训效果来看，开展跨文化实践交流活动，如短期的对外交流互访、参与国际会议或活动的志愿服务工作甚至建立实体的跨文化实践交流体验平台或实践交流体验中心都是值得鼓励的形式。

高职英语跨文化教学模式将为学生提供包括丰富的教学内容、多样的教学手段、多种教学环境、多元教学方法的较为全面的立体教学模式，以达到培养跨文化传播人才的目标，满足我国在国际交往中跨文化传播的需要。

第三节　高职英语跨文化交际能力的培养

一、跨文化交际能力的内涵

语言学习理论研究的任务之一，就是揭示语言能力和语言交际能力的构成因素及形成过程，因为只有对语言能力和语言交际能力的构成因素和形成过程有了全面认识，才能在语言教学中更加自觉、更加有计划地培养学生的语言能力和语言交际能力。

（一）语言能力

语言能力是一种内化了的语言规则体系，包括语音、词汇、语法等，是人们所具有的语言知识。把语言分为语言能力和语言行为，并且把两者对立起来。乔姆斯基的语言能力是基于对“理想的说话人”在“完全同类的言语群体”中的言语行为进行的研究，其“语言能力”包括语言知识和规则及语言的基本技能，他所认为的语言能力是人类先天就具有的内在心理机制。

关于语言存在结构系统和规则的观点在我国外语教学领域有着长期的、根深蒂同的影响。其所产生的语言结构系统知识、规则以及范式语言为教学的语言输入和学习活动提供了必要的条件，但也存在明显的不足，此种语言理论只涉及语言系统本身或内部的内容，解决的只是语言形式问题，而未能解决语言的本质，即社会交际功能的问题。

（二）交际能力

《朗文语言教学及应用语言学辞典》对交际能力进行了解释：“（交际能力）指不仅能使用语法规则来组成语法正确的句子，而且知道何时何地向何人使用这些句子的能力。”交际能力包括以下四点。

①语言的词汇及语法知识。

②说话规则，如知道如何开始并结束谈话，不同言语活动中谈什么话题，不同场合对不同的人用什么称谓形式。

③掌握如何使用不同的言语行为，如请求、道歉、致谢和邀请，并对其做出反应。

④掌握如何适当地使用语言。如果想与别人进行交际，就必须注意社会场景、人物之间的关系及特定场合中可以使用语言的类型，还必须理解书面的或口头表达出来的句子在上下文中的意思。

交际能力这一概念是由美国社会语言学家戴尔·海姆斯于 1972 年首先提出的。他把“交际能力”概括为语言知识和对语言知识运用的能力。他曾经很直观地把交际能力说成是“在恰当的时候，在恰当的地方，用恰当的方式对人说恰当的话语”。在他看来，如果没有语言使用规则，语法规则就毫无用处。例如，人们知道情态动词“would”的使用规则，但不知道在社会交际情境中好友之间提出请求时不使用“would”要比使用“would”更加亲切。

戴尔·海姆斯对第二外语教学和研究的另一贡献是他提出的“文化干扰”理论，即个体与其他文化背景的交际对象沟通时，自身的文化背景对交际行为，包括语言使用的干扰，例如，一位刚上哈佛大学的中国学生李吴吃过午餐后在校园的路上碰见同班的美国同学 John。李吴很友好地问 John 吃了饭没有，以示打招呼，这使美国同学误以为被邀请共进午餐。李吴在美国文化环境下按中国文化习俗对美国人打招呼，虽然使用的语言并没有语法错误，但是违反了美国文化的社会语用规则。这就是典型的文化干扰现象。戴尔·海姆斯交际能力观的核心是语言的得体性。按照海姆斯的交际能力理论，构成跨文化交际能力的要素是语言知识、社会语用知识以及交际技巧，没有涉及交际者情感方面的因素，如克服文化差异所带来的不良心理感受等；也没有涉及交际者对对方价值观、世界观等深层文化结构的理解。这不能不说是他的局限性。

美国社会语言学家拉波夫提出了一种与交际理论相关的会话风格理论。他从不同角度把社会语言因素引入语言交际的概念。

（三）跨文化交际能力

不难发现，语言能力和交际能力中都提及了两个要素：特定环境、有效得体。通常可以将跨文化交际能力定义为在特定环境中与来自其他文化成员进行得体、有效交际需要具备的能力，包括知识、意识与技能三方面的内容。

①特定环境。通常来说，能力指的是一系列的才能或者是有技巧的行为。然而，能力的判定却是随着标准的不同而不断改变的。在一种环境中被认为是有能力的行为，在另一种环境中完全有可能被认为是无能的表现。例如，在西方文化中说话直截了当的风格能够被广泛地接受，可能被认为是有能力的表现；而在中国文化中，说话直截了当则可能不被接受，甚至引起他人的不快，是缺乏交际能力的表现。所以，任何能力都不能孤立地判断，而是应该放在一定的环境中。

许多研究者曾经试图通过研究成功的跨文化交际者的性格特征来解释在跨文化交际中所需具备的素质，如内外向、开放度、宽容度等。或许某些性格特征会在特定情况下对跨文化交际有所帮助，但是没有一种性格能够使交际者在所有交际情景中都游刃有余。即便交际者具备有利于跨文化交际的性格特征，也必须在特定环境中来考查是否具备良好的跨文化交际能力。

②有效与得体。有能力的跨文化交际者能与其他文化成员进行有效得体的交际。所谓得体，是指交际行为合理、适当，符合特定文化、特定交际情境以及交际者之间特定关系对交际的预期；有效是指交际行为得到了

预期的结果。有效是交际的结果，得体是交际的过程。交际者如果能达到交际目的，交际就基本成功了。但在达到目的的过程中，不同的人可能会运用不同的方式，有的得体，有的可能稍欠妥当。如果在达到有效的同时，又能够运用十分得体的方式，就是成功的交际。因此，一个具备良好交际能力的交际者既需要运用得体的方式进行交际，也需要达到交际的目的。

③知识、意识、技能。除了“特定环境”与“得体有效”，怀斯曼（Wiseman）定义中还提到了进行跨文化交际能力所必须具备的知识、意识和技能，跨文化交际能力并不是与生俱来的，也不是偶然获得的，需要具备一定前提条件。语言、交际、文化的关系密不可分，语言教学的目的之一是使教学对象能够运用所学语言进行交际，即具有交际能力；文化影响语言和交际，所以教授语言的理想目标是使教学对象使用所学语言在目的语的文化语境中以符合对方文化习惯的方式交际，即培养学生进行跨文化交际的能力。

跨文化交际能力与交际能力的定义比较类似，但是跨文化交际能力除了强调交际的得体性和有效性以外，更强调交际者与所处文化环境的关系。与交际能力的定义相类似，跨文化交际能力的概念也历经了一些演变。文化教学（culture teaching）的目的从最初的“熟悉外国文化”变成了“培养文化意识”，再到最后的“提高跨文化交际能力”，这三个层次是依次递进的关系。“熟悉外国文化”主要是指有关文化知识的传授；“培养文化意识”建立在掌握一定文化知识的基础上，并且已经触及了对文化的观察力以及对待其他文化的态度；“提高跨文化交际能力”则是在具备“文化意识”以后，在实际交往中的行为与表现。这三个不同的层次正好对应了跨文化交际的三个方面：知识、技能、意识。

二、跨文化交际能力的培养目标

跨文化交际能力培养并非试图改变人们的基本个性和特点，而是增加其社交技巧和处理事务的技巧等，因而跨文化交际的教学目标是增加学生的认知能力，强调情感能力，改变行为方式。同时，在确定具体教学目标之前应该了解学生的学习动机，根据具体情况制定教学目标。例如，培训在外国工作人员的目标应该是：学习该国文化的政治、经济和商务惯例；

知道应对新环境的方法；了解当地居民的生活条件，包括学校、公共卫生设施和娱乐设施等。这些教学目标强调跨文化交际能力的认知内容，除此之外，情感内容和行为内容，减压方法、领导技巧、交际技巧和协商技巧等也不容忽视。

对于高职英语而言，我国教育部要求教学目标应该包含培养学生的跨文化交际能力，其目的是提高学生的英语应用能力和文化素养以适应我国对外交流的需要。提高跨文化交际能力的目标就是要培养集语言知识、社会文化语言能力、策略能力和文化素养为一体的高素质、复合型国际化人才。

更详细地说，语言知识包括语言的基础知识和篇章知识。社会文化语言能力包括语言功能知识和语言所蕴含的社会语言文化知识。策略能力包括评估能力，即对交际环境和形式加以评估并选择得体的语篇和语言。目标设定能力，即根据交际环境和形式确立合适的交际目标和反馈。策划能力，即根据交际情景和场合决定选用哪些合适的语言知识要素和背景知识要素达到交际目标。语言行为控制能力，即能够自如地调出和组织所需语言知识成分。

因此，要培养一名在国际化环境中，具备跨文化素养、语言交际能力、行为得体、善于沟通的复合型国际化人才，我们应该在外语教学中引入文化教学，注重社会文化因素和个人情感因素在跨文化交际能力培养中的作用。

三、跨文化交际能力的培养策略

（一）介绍不同背景知识

各个民族由于地域、生态环境、政治制度、历史背景、风俗习惯、价值观念、行为模式的不同，其文化特征也不一样。只有通过对比才能发现本国文化与目的语文化之间的异同，从而获得一种跨文化交际的文化敏感性，加深对中外文化的理解，提高文化意识。教师可以在课堂上引入相关风俗典故，更多地介绍风土人情，捕捉中西方背景知识的不同点，让学生通过对比来了解双方文化的差异，加深对目的语国家文化的认识，从而养成得体的语言习惯。具体内容包括：①体态语对比，即对比中国人与英语国家人喜怒哀乐时的手势与表情、交谈时的身体距离差距以及体态语的表意异同。②中外称谓语、问候语和告别语的差异。③中国人与英美人对称赞的不同反应。④中外家庭成员之间称呼习俗的差别。⑤英美人在行为举止、待人接物等方面与中国人的异同。⑥中国人与英美人思维与观念的差异。用对比法可提高学生对中西两国文化背景知识差异的敏感度，使学生所学的外语更地道。

（二）采用窄式阅读法

克拉申的“窄式阅读法”理论是有利于文化理解的阅读方法，其内涵为集中阅读同一话题的多篇文章，通过阅读理解文本中那些显性和隐性的文化信息，提高文化意识。克拉申认为，这种阅读总体上说是窄式输入。它对于一语习得非常有效，可以集中提供某一专题的文化内容及其背景知识，使学生可以在较短的时间内熟悉某一文化专题的词汇、题材、风格及文化内容。这种方法有利于学生对目的语国家文化背景知识进行全面的整体把握，拓宽知识面，开阔眼界。

（三）营造文化氛围，体验异国文化

高职英语教学的课时也非常有限，不能仅仅依靠教师在课堂上的教学来培养跨文化交际能力，学生还必须充分利用课外时间广泛阅读西方英语文学作品、报纸杂志和时事评论等材料，从中吸取文化知识，增强文化素养，拓宽西方文化视野，提高跨文化交际能力。

具体到跨文化交际能力培养的实践操作上，大家认同文化教学与语言教学有机结合的方法。

1. 运用文学作品分析进行文化教学

文学作品分析是语言教学的一个常见手段。中国很多英语教学活动都是通过分析语篇进行的。文学作品蕴含丰富的文化内容，语言形式经典，因此在文学作品分析过程中同时进行语言教学和文化教学是必要的，也是可能实现的。传统的语言教学也有文化内容的讲解，只是教师并没有将其列入教学目标。在教学中，应将二者结合起来。

2. 词汇教学与文化教学的结合

任何语言的词汇都承载着丰富的文化信息，每个词所包含的文化内涵是任何词典都无法穷尽的。词汇及词汇的使用具有浓厚的文化特点，我们在进行词汇教学时就必须介绍该词的文化内涵，尤其是要呈现出词汇在真实文化语境中具体使用的情况。目前的外语教学中，教师通常只是给学生解释从词典上抄来的解释，很少能将其中深刻的文化意义传达给学生。学生对于枯燥的词汇学习被动接受，无法做到在真实的交际中运用。在词汇的教学中，教师除了将词汇的本义、内涵全面介绍给学生，还应该多设置一些真实的文化语境进行操练，使记忆词汇转变为词汇使用。例如，我们在学习描写人物的形容词时，可以选择一些真实的历史人物或当下学习者感兴趣的任务，让学习者进行描述，这样不仅掌握了词汇的含义，而且还有机会了解它们的内涵；不仅使词汇学习生动有趣，而且将文化学习落到实处。

3. 阅读教学与文化教学的结合

阅读教学被认为是最容易与文化教学相联系的教学活动之一，只要我们选择包含文化内容的阅读材料就可以实现语言教学和文化教学的有机结合。但是目前很多教师还不能很好地利用阅读教学的优势进行文化教学，或是受传统的语言教学方式影响，阅读教学中重视学生的阅读速度、理解力、语法、词汇、句型，忽略了篇章中蕴含的文化信息。要真正实现阅读教学和文化教学的有机结合，必须在确定教学目标和教学内容时考虑文化教学的需要。在实际教学中，通过设计阅读前和阅读后任务将学习者的注意力吸引到篇章的内容上，进行相关的讨论和学习。

4. 听说教学与文化教学的结合

听说活动使学习者有机会切实感受跨文化交际过程，提高交际能力。就文化教学而言，我们要选取真实的、能够反映目的文化或本族文化的听说材料。在编写这类听说教材时也要注意考虑学习者的语言水平和语言学习的需要，包含的文化内容要将语言学习的需要与文化教学的需要结合起来，使学习者系统地学习文化知识，增强文化能力。跨文化英语听说教学应该充分利用多媒体教学手段，这不仅有利于提高学习者进行语言交际的积极性，更是跨文化交际能力培养的需要。它将跨文化交际的真实情境形象地呈现给学习者，有利于学习者提高跨文化交际能力。

5. 写作教学与文化教学的结合

写作教学通常贯穿于外语学习的各个阶段。不同阶段写作的体裁、内容和要求都各不相同，但是都可以将其与文化教学相结合。初学者可以通过所学的词汇和语法知识讲述自己的经历，表达自己的思想，从而巩固所学的语言知识。学生完成作文后，教师可以一方面指出作文中的语言使用错误，另一方面就文章的内容进行讨论和比较。

随着跨文化英语教学思想的不断深入，我们会有更多更好的方法。教师和学生要转变教学观念，真正做到语言教学和文化教学有机结合，既要促进学习者外语交际能力的提高，又要培养他们的人文素质。只有这样，跨文化交际能力才能得到提高。

第六章　职业能力培养视角下的高职英语教学模式改革策略

随着现代技术的发展，职业能力培养变得至关重要，而在此背景下，高职英语教学模式改革也显得十分关键，为此，需要深入推进高职英语教学模式的改革，制定恰当的改革策略，进一步提高高职生的职业能力，培养能够适应岗位和职业实践需要的职业技能型人才。本章分为重立高职英语教学目标、重构高职英语教学模式、变革高职英语教学方法、转变高职英语教学评价、调适高职英语教师角色五部分，主要内容包括：进行教学目标重立的重要性、高职英语教学目标重立的内容等方面。

第一节　重立高职英语教学目标

一、进行教学目标重立的重要性

高职教育是一种学历教育与职业素质养成的科学统一与有机结合的教育。高职教育不仅强调对基础知识理论的学习，更强调对通向未来职业的相关专业技能的训练。教育部在《高职高专教育英语课程教学基本要求》中强调：高职英语教学要以“应用为目的，以够用为度，以适用为主”，培养学生的应用能力。因此，高职英语的教学不仅要使学生具备接受未来延伸教育的基础能力，更要将与具体行业主要岗位工作相关的英语内容组织到英语教学中，强化学生职业能力的训练，培养学生实际应用语言的技能。

目前，我国高职院校的课程目标已经较为完善，课程设置和课程结构也已日趋成熟合理。但是高职学院的英语课程到底应如何具体安排，教学水平具体要达到什么要求，大部分高职院校还是缺乏科学性、相应的指导性和具体的措施。关于高职英语的课程目标，《高职高专教育英语课程教学基本要求》中指出：高职院校的英语教学目标是“经过180—220学时的教学，使学生掌握一定的英语基础知识和技能，具有一定的听、说、读、写、译的能力，并为今后进一步提高英语的交际能力打下基础”。所以，高职院校的英语教学目标也应根据这一要求，做出相应的调整。

传统的高职英语教学主要是学科知识本位，未来需要进行教学目标的确立，即确立职业能力本位。职业能力本位理论（简称CBE）是1967年在西方国家开始流行的一种关于职业技能培训教育的思想定位。该理论强调在实践中对职业需求的实际操作能力、专业能力、方法能力、社会能力等，综合来说是职业技能的系统学习和提高。在学习过程中，主张受教育者发挥其主观能动性，并随时进行教学评估，不仅仅局限于对专业方面的学习，还有对职业相关的内容的学习，教学形式多样化，具有高度的灵活性。时至20世纪90年代，能力本位思潮盛行后期，又提出了“关键能力”。该教学思想对中国的高等职业教育的发展产生了长远的影响。

能力本位理论的本质关注点是能力水平，并不与社会学里的能力观完全相同，同时也不与心理学的能力概念有所区别。诸如：回归事物的本质。把各种能力分开理解，把整化零。综合考虑，把其作为一项个体的素质表现，结合工作环境，相关因素，综合分析。后者影响比前者广泛，主要是由于高职学生的主要任务就是关乎于将来的就业问题，后者的分析恰恰吻合了这一点，培养专业知识技能，就是提高个人的综合能力，能够更好地步入职业岗位。简单来说，高职教育的宗旨就是将专业和职业相结合。

该理论更为确切的说法是职场生存技能。其中始终进行着公共英语教育，注重实际应用能力的提高，方法构思、开拓思维、集体协作和社交能力的培养都是其发展的重要组成部分。换句话说，受教育者在英语应用技能得到提升时，教师们也会对其职场技能进行培训，教导其学习协作精神，开拓思维创新，从多方面多层次进行教学，让受教育者的综合职业技能得到实实在在的提高，即指社交（communication）、协作（cooperation）、创新（creativity）这3C技能。

第一，运用英语进行社交的专业技能。在开展职业工作过程中体现出相应的逻辑性、专业知识性和自主性，并且合理评估工作过程，在思索问题过程中从整合或者发散的角度进行，培养运用英语进行社交的专业技能。所谓的专业技能就是这种思维和技术能力。在学习公共英语过程中，要掌握基础性知识，同时结合本专业活动，借助英语开展相应地沟通交流。

第二，集体协作为出发点的社交技能。在高职英语教学过程中要与专业需求充分结合起来，对学生的集体协作精神进行相应的培养。教师要通过高职英语教学培养学生良好的社会能力，具体包括符合社会道德观的职业道德感、协调能力和管理能力、自身素质修养能力、准确表述信息和情感互动的能力等等。借助高职英语学习，可以让学生的视野得到开拓，让学生的自我学习能力得到有效提升，从而有效提高学生的社会技能。

第三，创新的技能。学生毕业之前就应具有处理岗位中的业务、决策管理以及制定方案等方面的能力。因此，在高职英语教学过程中要对学生的英语交际能力进行相应的培养，不断提升学生的综合素质和能力。

二、高职英语教学目标重立的内容

（一）设置正确的课程目标

课程目标是确定教学目标、课程内容以及教学方法的基础，它也是整个课程编制中最关键的原则。因此，只有制定了明确的课程目标，才能使教学过程有条不紊地顺利进行。设置课程目标时，学校首先应结合以往的课程目标以及其他先进国家的课程目标，结合学校以及专业情况和特点，制定出一个有针对性的总目标。由于高职院校培养的是技能人才，因此，高职院校的英语课程总目标也应围绕着提升学生英语交际运用能力这一内容来展开。其次，根据总目标，各专业再根据学生英语学习水平和专业水平制定出具体详细的分目标。最后需要的就是目标的细化。这就需要教师将分目标细化到每个单元、每个章节，同时还要灵活设计相关的课堂活动，逐步实现分目标。

（二）合理实施和落实课程目标

有了明确的课程目标以后，学校以及英语老师需要合理地实施和落实每个课程目标。首先，在落实课程目标中，学校和老师一定要立足于高职院校的实际情况，不仅要帮助学生夯实英语基础知识，同时还要将重点放在学生的专业英语学习上，加强学生的专业知识学习。其次，在课堂活动中，教师还应精心设计教学活动调动学生的英语学习热情。同时，学校还可以通过一些奖励措施来激励和提高教师的教学积极性和主观能动性。再次，任课教师在目标实施中，还要紧跟时代步伐，与时俱进，随时调整和创新教学方法，不断完善课程目标。

（三）及时反馈目标成果

目标成果的反馈可以及时帮高职院校调整和检测课程目标是否科学合理。目标评价可以通过多种形式，如教师自我评价、学生评价以及教务处反馈等进行综合评定。最终的评定结果应及时反馈给教师，使其对前一段的教学活动有清晰的认识，扬长避短，为下一阶段的教学活动顺利实施提供宝贵经验以及方向，帮助教师制定切实可行的具体目标，更能使本专业以及学校的英语课程目标得到逐渐地修复和完善。

职业技术教育是以培养生产、建设、管理、服务第一线需要的高等技术应用型人才为主，与普通高等教育相比，其培养目标有较大的差别。这就要求高职英语教学体系的建立要与市场的需求紧密结合，以市场为导向，在学生初步完成基本素质积累的基础上，使学生具备进入职业岗位要求的职业能力。因此，我们的课程要紧紧抓住应用为主旨的课程目标体系，以不同的要求来分析各个岗位对英语课程的市场需求，准确合理地定位教学目标。

目前，我国各高职院校在专业课程的设置和要求上已逐步规范、合理，并已形成了较为完善的高职专业课程目标，并结合行业特征，形成了一系列的岗前制度。但高职学院的英语教学要达到什么水平，课程怎样安排，实践中大部分高职院校还是各行其是，有的甚至还在照搬大学专科或干脆沿用中专的教学计划和目标，缺乏指导性、科学性和针对性。

2000 年，教育部高教司出版的《高职高专教育英语教学课程基本要求》指出，高职高专英语教学目标是“经过 180—220 学时的教学，使学生掌握一定的英语基础知识和技能，具有一定的听、说、读、写、译的能力，从而能借助词典阅读和翻译有关英语业务资料，在涉外交际活动和业务活动中进行简单的口头和书面交流，并为今后进一步提高英语的交际能力打下基础”。根据这一要求，结合能力本位职业教育，高职英语教学目标也应做出相应的调整。

第一，把握“应用为主，够用为度”的原则。课程目标的制定对发动和改善个体的学习动机有着重要的作用。因此设立合理的教学目标并让学生明白他们要做什么即有明确的目标，并让学生理解它的含义和价值具有重要的意义。在高职英语教学中，使学生掌握“够用”的英语基础知识、高职英语教学的基本要求和基本任务。高职高专基础理论教学并不是越学越好，越多越好，而是要突破以往的系统性、完整性，按照“应用”和“够用”为教学目标，二者的结合应恰到好处。学生必须掌握一定的英语基础知识，这样才能进一步发展其应用能力。把握基础知识传授的“度”，处理好基础与应用之间的关系，合理分配教学时间。

第二，坚持能力本位教育的课程核心。根据能力本位教育的课程理论，能力本位教育的核心是要让学生具备从事某一职业所必需的实际能力。因此，以能力本位作为核心思想的高职英语教学目标的确定过程应结合学生的通用能力和职业能力进行描述。2000 年高教司制定的课程基本要求只是对广大的高职院校做出一个笼统的要求，并未就各校各专业的英语教学目标做出具体而详细的要求，各校和各个未来岗位对英语教学的要求是不一致的。

在高职英语教学中，以能力为本位，就是以形成职业能力为课程的核心任务，把握能力要求的“度”，对学生不宜有太高的要求，打破学科本位和知识本位的传统思想，侧重学生的“实用能力”。

根据不同专业对英语能力的不同要求，各校可以在课前对用人单位对英语应用能力的要求做一份问卷调查，阅读、翻译和听说作为基本的能力要求，配以本专业的词汇，同时借鉴基础教育的经验，在课程目标中，设置以职业素质的培养，特别是职业素养为重点的课程目标，无疑这种把教学目标和表现性目标结合的新型高职英语教学，是对传统的高职英语教学的一种颠覆和创新，还需要一个深入探索的过程。

第三，高等职业技术学院可结合职业技能证书考试，注重学生的能力考核。由于近几年来高职教育的快速发展，英语教学形式变化很大，在建设前期设置的大学英语三级考试已经不能适应目前高等职业英语教育的要求，大学英语等级考试重知识、轻能力，有悖于语言教学的宗旨，也不适合英语基础较差的高职学生。

因此，注重学生英语应用能力的培养，鼓励学生结合自身特点参加多种不同系统的英语等级考试，并不断为此创造条件，实行灵活的考试制度，如推荐大部分学生参加高等学校英语应用能力考试（A 级或 B 级）；有条件的学生可参加大学英语四级考试。对于开设有涉外类专业的学生，也可推荐学生参加剑桥商务英语证书考试博思考试（BULATS）（一种与职业工作相关的、实用可信的外语考试，它提供一系列与环境相关外语能力的标准面式，涵盖了听力、阅读、词汇、语法、写作和口语等方面的技能，这一点与培养社会需求的高等技术应用型人才目标相一致）。为配合上述英语能力考试，教师在课堂教学中注重培养学生英语应用能力，围绕听说读写译等技能，尽量多地把课堂时间交给学生，让他们不断练习，在练习中获得语言交际的能力，使学生不仅能够考出一张过硬的证书，而且真正拥有一定的英语交际能力，在走上工作岗位后能发挥作用。

第二节　重构高职英语教学模式

一、根据不同类型进行分类授课教学

首先，对英语的教学工作按照不同类型来分类授课教学，从而达到为高职学生之后的就业能力提升的目的，也就是将日常的英语课程按照基础学习内容、重点学习内容以及提高学习内容这些方面来分类，然后根据教学目标、任务以及学生状态等因素的不同，实施恰当的教学模式。

（一）实施分类分层教学

吴潇提出，以人为本是素质教育的核心理念和最终目的，也是教师进行教学活动的根本原则和依据。教师不应只以课程指标来组织教学，而应尊重高职生的学习需求，为高职生的全面发展创造相应的条件。在高职院校推行英语分层分类教学原因有二：一是生源多样化且英语水平差异大；二是专业类别多，不同岗位需求对职业英语能力要求存在差异性。基于以上原因，大一统的教学目标、教学内容、教学计划、教学方法等很显然已经不适合于学生个体和专业类别存在很大差异的情况，推行职业英语分类分层教学改革必不可挡。

为了有效调动学习英语积极性，高职院校可采取的做法如下。

第一，通过对师生进行广泛调研，了解对学生的专业培养目标、学习基础、价值取向等相关情况进行了解，并按照学生所学专业类别及需求进行分类，并选用贴合本专业类别的教学内容。

第二，为了便于学校管理，建议先在同一系部类按专业实施分层。每个类别的学生按照知识分层教学，分为 A、B 两个层次，A 层次为英语基

础较好的学生，进行“职业基础英语+职业英语教学”，而B层次学生为英语基础较弱学生，实行“基础英语+职业基础英语教学”，可适当加重基础英语教学比重。

第三，针对不同类别下不同层次的学生授课，要求教师按照专业培养目标制定不同层次的新英语课程要求，重组或过滤教学内容，根据学生实际情况设计教学任务和采用恰当的教学方法，比如双语教学法在实行分类分层教学模式的使用下，可以彰显其优越性，老师可以较灵活根据学生的英语基础和需求确定讲解当中英语的使用量以及学生接受和理解的程度。当然，还要根据学生的分层水平和授课内容进行不同形式的考评，学习效果良好的A层学生侧重职业英语技能考核，而基础较差学习效果一般的B层次学生则适当较大基础知识的比重，一定要改变现有的“一卷定天下”考核方式，否则，很难满足学生个体需求差异，老师的教学活动也不易开展。

（二）实施模块化教学

为了把高职英语教学和职业相关内容有效地融合在一起，可以通过把高职英语按照其内容和情境分为若干个模块，这样比较适宜，每个模块对应学生的不同专业背景、实际岗位需求设计相应的职业任务和项目，学生通过这种模拟化的职业情境中的英语训练，无形中提升了知识的运用能力和问题的解决能力。

第一，如有关职场入门和职业礼仪方面内容的模块可以设计以下职业需求。

听说部分需要：①学生向他人介绍自己；②学生之间彼此认识；③在不同的生活场景中，实际情况下大家互相介绍认识，比如商业活动、旅游服务等。

作文部分需要：①个人信息的书写；②为自己心仪的职位书写求助信。

阅读部分需要：能够掌握一定的文化常识，知道多种国家的礼仪文化、喜好以及忌讳。

翻译部分需要：对不同的名片信息能够辨认。

针对各个不同部分的英语学习内容，使得学生们能够结合自身的学习特点有所侧重，最大限度地掌握英语学习内容，学以致用，将所学的理论知识投入到实际的生活之中去，实现英语教学工作的最终目的。

令学生能够体会到学习的真正意义，打破传统的死读书的局面，强调学生们对于学习的灵活掌握。这些不同的英语学习模块，将英语的学习内容进行了有效分类，使得学生们的英语学习能够有侧重点，增强学生们英语学习的效率，全面增强他们的就业能力。

第二，在模块化教学当中，分层教学是非常有效地教学方式，可以让优秀学生组成团体相互学习，共同促进。让一般的学生也组成团体，由老师进行专门的指导，重点培养和关注，加强教学力度，用独特的方法引导他们能力的提升，使得重点课程模块、能力拓展模块和其他课程模块组合成为一体。模块有助于学生提高职业的实际操作能力。譬如：重点课程模块里面的英语口语和中英文翻译的课程学习，运用“学生自我学习”“课堂表演”“外国的原版电影”等，能够快速地提高学生的英语学习能力，有助于学生进入社会。

（三）实施多媒体教学

随着计算机的普及，信息技术日益被人们掌握。在高职英语教学改革的背景下探讨多媒体教学模式在英语教学中的运用也逐渐成为很多学者和教育专家共同关注的话题。

多媒体教学模式作为教学改革背景下被广泛应用的一种教学模式，在教学实践中展现了自身独有的优势，具体体现为：突破时间、空间的限制；有效激发学生的学习兴趣；优化英语课堂环境；实现了以学生为中心；共享备课资源；实现了多角度的互动教学。

尽管多媒体教学具有很大的优势，但是如果运用不当，很可能会出现适得其反的效果。为了更好地趋利避害，下面就对多媒体教学的运用进行具体分析。

第一，应结合实际服务于教学内容。多媒体教学集丰富、多样的教学呈现形式于一体，在文字、图形等的呈现方面具有美观大方、可视化形象逼真等诸多优点。如果能够合理恰当地对多媒体课件加以运用，对调动学生的学习情绪和提升学生的学习兴趣会非常有帮助。然而，如果刻意追求形式，使多媒体教学步入华而不实的情况，将会对英语教学产生非常不好的影响。也就是说，过度或不当地使用多媒体会使英语课变成多媒体课件的表面展示，不仅对正常的教学产生干扰，还会使学生的注意力很难集中在教学内容上，最终会使英语教学达不到应有的效果。

第二，应确保多媒体教学手段的合理化运用。效率高信息容量大是多媒体教学的一大优势。虽然有效地运用多媒体教学辅助于英语教学对提升英语教学效果非常有帮助，但是这项技术也仅仅是作为教学中的一项辅助手段，并非所有的教学内容都能够运用这一教学手段进行讲解。作为高职英语教师，还应恰当地处理好大信息容量与英语教学节奏间的关系。如果在具体的教学过程中节奏过快，使学生接受的信息量超负荷，学生对知识的掌握就会成为“过眼云烟”，学生会很难把握所学内容的重难点，也很难将所学的内容以非常系统的形式记录下来。这样一来，多媒体教学的优势就很难得到有效发挥，甚至还会使实际的教学效果出现下降的情况。

第三，应加强和完善学校信息资源库的建设。要想更有效地实施多媒体辅助英语教学，制作出与教学要求相适合的教学软件也非常重要。为了使多媒体教学更好地满足教学需求，同时更好地避免教师在多媒体课件制作过程中的重复性劳动学校应该加大支持力度，有计划、有步骤地建设信息资源库，可主要围绕多媒体课件制作的文字型信息库、动画和有声信息资源库以及图片信息库等展开。这样一来既能够更加方便广大英语教师对各类信息资源的调用，同时也能大大降低教师收集信息的工作量，从而给教师节省出更多时间和精力来学习多媒体课件制作软件，充实课件内容或者使教师更深入地研究多媒体教学模式等，这有利于多媒体技术在英语教学中发挥更有效的作用。

（四）实施自主学习教学

随着高职英语“3S”教学的推广，“以学生为中心”的教学观将更加深入人心。课堂将不仅仅是传授、学习知识的地方，更将是培养能力的一个双向的、互动的场所；而互动的核心目标是交际能力以及跨文化交际能力的提高。在现代化的教学手段逐渐普及，语言教学正走向多媒体教学的新时代，对学生这样的能力的培养和加强将愈来愈多地通过多媒体的使用和网络教学来实现。传统的教师讲、学生听的模式将逐渐被新的教学模式所取代。其中，自主学习中心模式将会应运而生。在这种模式中，教学班级将为自主学习中心所代替，教师将负责中心的教学，但这种教学已不是传统意义上的教学。学生们一人一台电脑，自主学习。教师的作用是咨询、辅导和组织适当的群体交际活动（如讨论或者辩论）以及期中或期末考试。学习者通过电脑操作，可以选择不同的学习内容、不同的学习步骤，控制学习的进度。

自主学习是一种新的教学模式，可以在课堂内进行，也可以在专门的自主学习中心或其他地方进行，但世界上如欧美大多数高校的做法是建立专门的自主学习中心，为不同外语水平的学生提供固定的语言学习场所。近年来，我国的院校相继成立了以英语为主的自主学习中心。在中心里有各种各样放置有序的学习资料，包括书籍、磁带、录像带和光盘等；有引导学习者如何使用这些资料的辅导系统，如能显示学习者所需内容的标题、位置和语言等级的计算机目录；中心还可通过提供附加作业、答案和其他辅助材料等手段帮助学习者有效地使用资源；中心通常有值班教师为学习者提供各种辅导。它集教室与图书馆之优势于一体。学生一方面可以尽享丰富的辅导学习材料，又享有学习的自动性：另一方面，又有教师有计划有组织的辅导和帮助。利用中心资源，学习者通过自我确立学习目标、学习内容、评估学习进度和成效等技能的培养学会独立自主的学习。

自主学习教学模式充分体现了“3S”的“以学生为中心”的教学思想，一方面尊重学生学习风格；另一方面鼓励学习者逐渐脱离对教师的依赖。其理论基础是认知心理学和人本主义心理学。认知心理学家认为，学习者的学习过程是一个积极地参与过程，如他们可以有选择地吸收信息，做出假设、比较和说明，重新构建信息的含义并将新信息融于已知的知识，已供将来使用。语言学习的任务就是要尽量给学生提供机会，对各种假设进行验证，运用他们已有的知识，大胆地使用语言进行交际。人本主义心理学家强调成人学习过程中自我观念和情感因素的重要性。他们认为，语言教学应注重有意义的交际，尊重和重视学习者，把学习当作实现自我的一种形式。在决策过程中给学习者一定的权利，让教师站在促进者的位置上营造并保持一种良好的课堂气氛。同时，不忽视其他学习者的协作作用。这两种理论都强调，在语言教学中要以学习者为中心。在外语教学领域，随着语言教学重点以原先侧重语言知识的教学转为以学生为中心的技能和能力训练，培养学习者自主学习显得尤为必要。运用语言进行有效的交际，不仅仅是对语言字符的破译，还涉及意义的协商，因而需要学习者具有处理未知信息的能力。学习者只有发展这种能力才能参与到交际活动中去，逐渐促进外语水平的提高。因此，要有效地提高外语水平，最终须依靠学习者广泛地、自主地使用目的语。人们已经认识到，课堂的语言教学不仅仅是注重目的语的演示和操练，同时要加强学习者在课内外所需的学习技能和策略的培养。彭生更主张，“自主”应作为高职教育的目标。高职学生通过自主学习，能充分地发挥认知主体的作用，他们可以根据自己的基础或根据教师和计算机测试后的建议，自主的选择各自的学习策略。学生学习英语的过程不再是一个被动接受的过程，而是一个主动参与的过程。这将促进学生内部心理过程的优化。这种心理过程与优化的外部刺激互相作用，就能使学生在学习英语的过程中根据各自的特点获得不同的成就。

自主学习中心可分为六种模式，即学习中心、撤离中心（意为离开教室进入中心）、序列学习中心、随时进入中心、自我指导中心和学习资源中心。根据高职英语教学现状，在高职院校引入学习中心和资源中心，使课堂成为研讨会更具现实意义，而且不少院校已具备或将具备建立中心的物质条件。学习中心可作为对课堂教学的有力补充，中心内学习资料要针对课堂教学内容；教师帮助学生解决课堂教学的疑难点，为他们选择合适的学习材料，并给予学习策略、技能发展等方面的指导。学生可复习、扩展教学内容，独立完成作业，利用中心资源自主学习。而学习资源中心的学习完全是自主学习。在该类中心中，学生知道如何获取学习资料和选择适合自己的学习策略，他们利用中心内丰富多彩的学习材料在中心或中心外开展自主学习。

当今社会，科技日新月异，一个人的知识结构必须不断更新。随着现代知识经济的发展和社会对高职学生英语能力要求的提高，更应倡导“英语终身学习”观念，使终身教育的观念深入人心。英语学习是不断积累、不断应用、不断提高的过程，对任何人来讲，包括高职学生，这是一个无止境的过程。在信息时代，各类新知识、新事物层出不穷，英语的新词汇不断涌现。高职学生只有根据工作、生活需要主动学习，知道怎样去探索信息、选择信息、管理信息和分析加工信息，不断地调节学习内容和方法，才能不断地提高英语应用能力，在未来的竞争中跟上时代前进的步伐，立于不败之地。而自主学习的形式对于高职学生个人适应环境、适应变化及创新能力的培养至关重要。再者，随着高职院校的年年扩招，高职学生人数猛增，不少学校师资不足的矛盾日益突出。教师与学生接触的时间平均相对减少，这使得培养高职学生独立自主地学习能力更显必要和紧迫。随着现代化的教学手段的开发，特别是多媒体，网络等高科技在高职院校的日益广泛的运用，将为高职学生开展自主学习提供十分有利的物质条件和环境。因此，在未来的岁月中，自主学习的模式必然会引入高职英语教学并会蓬勃发展。

由以上讨论可见，在高职院校建立自主学习中心意义重大。它将改变高职英语中的很多弊端，如教师包办学生学习，从学习内容、进度、教材的使用、成绩的评定都由教师一统天下的情况，学生作为学习的主体的地位将得以进一步的尊重。高职英语教学将更具开放性，更趋人性化。学生的语言需求、学习风格和策略将进一步得到重视和开发。高职英语教学重能力培养的观念进一步提高，为之服务的教学手段实现现代化。学生在课内、课外将享受前所未有的语言输入量，使用语言的机会和场所将大大增加，语言学习环境将更优化。部分高职学生学习积极性、主动性和创造性难以调动的局面也将进一步改观。学生英语学习将由“要我学”逐渐变为“我要学”。学生独立、创造性学习的能力将大大提高，这无疑会使他们受益终身。有理由相信，未来的高职英语教育特色将更加鲜明，将是由多媒体课堂教学、网络教学和自主学习中心构成的一个全方位的新教学体系。

（五）实施网络化教学

为了更好地与未来计算机的发展相适应并迎合教学改革的大背景，将网络化教学模式有效地运用于英语教学也是大势所趋。关于网络化教学，可以从以下几方面入手。

1. 建设课程网站

根据鲁子问、康淑敏的观点，我国高等学校的双语教学具体指的是在非语言类课程中使用英文教材时，采用英语或英汉结合的方法对专业知识进行讲授。

结合双语教学的特点，在设计授课、学习、作业、答疑、测试等一系列的教学环节时要采用专用的网络教学模块，从而对教学模式、授课方式、学习策略、教学评价等方面的问题进行高效处理。在上述所有的模块中，除了在教师模块中增加了后台管理功能，教师和学生模块的功能是相同的。这样一来，教师就能够随时查看收集、发布信息，从而对教与学的动态进行及时监督和调控。

为了对这一教学系统有更具体的认识，下面就结合其中的几个模块进行具体分析。

①记事本。该模块中所提到的记事本主要起到对知识进行管理的作用，学生可以借助网络记事本对自己在学习过程中的感受，体会进行记录，这样有利于学生真正参与到学习的过程中去。

②在线测评考试系统。在线测评考试系统主要以一些测试题目为主，测试题目的类型主要包括客观性试题和主观性试题。

客观性试题通常由判断系统自动评分，主观性试题则需阅卷人来评分。在测评模块，学生可自动抽取试题，查看相关题目的在线解释说明，自己评分；在考试模块，通常需由教师来设置考试时间并进行判分。

教师后台管理具体可分为三个部分：①发布考试信息；②试卷编辑；③批改试卷。试卷数据库主要用于学生成绩的查询。

③师生交互平台。师生交互平台具体指通过课程信箱、留言本等进行信息交流，这有利于分组讨论和协作学习。这一模块通常由学生来充当管理员，制定讨论奖惩制度。当然，教师也可以参与其中，如可以根据实时的需要再添加不同的模块。

④信息模块。信息模块主要介绍与英语学习相关的资源链接和有关双语教学的动态信息等。例如，双语教学政策、双语教学研究动态等。

2. 加强电子交流

为了更充分地利用网络化信息资源，还可以通过布告栏、电子邮件、互动维客（wiki）等形式进行人机互动和生生或师生交流，在双向或多向的师生交流中全方位地感知语言信息。借助多样化的形式加强电子交流能有效、便捷地解决学习中遇到的各种问题和困惑。但是，无论采取何种方式，都不要忘了教师的初衷在于为学生创设有意义的学习环境，鼓励学生对教学活动进行定期反馈，而学生可以以匿名的方式发表意见和建议。这样一来，一方面能激发学生参与课程建设的主动性和增进对学习的感悟；另一方面，教师可以根据学生的反馈和教学进展情况及时调整自己的教学思路。

（六）实施合作教学

课堂教学是高职英语教学的主阵地。“三位一体”的教学过程中，英语教师应该使用以听说训练为主的交际教学法，以同学们自主学习为主的探究教学法和以创设各种工作情境为主的任务型教学法，实行大班授课与小组合作训练学习相结合。

大班讲授英语语言基础知识坚持实用为主、够用为度的原则，教师主要讲解语言难点、与学习材料相关的文化背景知识、行业背景知识、英语学习方法、并解答学生提出的问题。而学生的综合语用技能与英语职业岗位能力的培养则以小组合作训练学习为主。

合作学习（Cooperative Learning）就是根据学生的不同层次将他们混编成若干小组，每组2至6人，以合作和互助的方式完成学习任务的教学组织形式。合作学习中，学生的主体性得到充分发挥，学习的主动积极性得到提高，自主学习，主动参与到教学实践活动当中。

在高职英语教学中，小组合作活动可以实行以下方式：日常生活问答合作式、行业英语资料检索合作式、职场环境情景描述合作式、小组讨论合作式等。练习设计要突出行业岗位群所需要的职场交际的语言知识与技能的训练，体现以完成职业岗位任务为导向和学生主体性参与，以 group project，pair work，discussion，presentation，survey report 等方式，使练习体现职业性、开放性、实践性、交际性、协作性以及多样性的特点。

在每个小组完成任务后，各组代表进行陈述或全组展示。教师学生一起对各组任务完成情况及语言学习情况进行评价。小组合作训练能很好地激发学生的英语学习兴趣，同时培养学生的合作精神、交往能力、创新能力、竞争意识、平等意识、自主能力，在分担与共享中获得个性张扬，提高英语语言技能和职业岗位能力，优化大班授课教学效果。

另外，在时间和条件允许下，可以组织老师为同学开设各类英语兴趣培训班，包括语法、口语、写作、翻译、国外文化介绍、风土人情等。大家可以根据自身需要和兴趣来择班而学，以取长补短。

二、拓展以职业岗位为导向的教学组织形式

（一）基于专业特点布置课外学习任务

英语自主学习是课堂教学的必要补充，是对课堂教学的延伸与拓展。高职英语作为基础文化课程，自然也承担着培养学生自主学习的任务，另一方面，自主学习本身是英语语言学习的主要途径之一。因此，在学生入学时就让他们明确自主学习的重要性，指导他们制订个性化自主学习计划、学习内容和学习任务。教师在教学中要正确引导学生选择相应的自主学习方法，以巩固强化课堂所学知识和能力。网络化使英语学习极具开放性，各类英语学习网站和英语学习应用层出不穷，教师可以向学生推荐谷歌、百度、金山、有道等在线英语词典，介绍一些好的英语学习网站，如普特英语、旺旺英语等，以及相关英语学习应用，指导学生根据自己的语言基础和爱好选择合适的学习材料，进行听、说、读、写、译专项自主学习训练"。

教师还可以尽量多给学生设计一些开放性的课题作为课后任务，来代替只需简单地回答“YES” or “NO” 或只有固定答案的这类封闭式作业。

比如，对汽车运用技术专业学生，可以让大家搜索各汽车品牌的英文名称、标识，对相应品牌车的发展做一个简要归纳，并鼓励大家上台用英语给同学们展示自己的研究成果。又或者零配件的相应英语名称搜索等等。通过各种合理的开放性课题给他们更多空间去自主学习，鼓励他们走出书本，积极去思考如何将课题与自己的职业规划相结合，积极去探寻自己感兴趣的点，以此培养学生的职业岗位能力，同时激起他们对英语的学习热情、培养学生的独立思考能力、信息搜集能力和创新能力。

（二）定期开设英语学习讲座

高职英语教学应定期邀请各行业专家、企业高管、工程师等来校进行各类英语学习专题讲座，讲座的内容主要涉及，各个行业的前沿信息、各职业的发展方向及当前的人才需求、异域的人文风情、社会礼仪，并为学生们带来实际工作中他们所遇到的案例，与大家分享他们发现问题、分析问题、解决问题的过程。让同学们能有机会体会到理论与实践是如何真正地相结合，从而为自己在学校的学习设立一个清晰的目标做铺垫。

创办英语社团，拓展学生口语交流机会，建立严格的出席制和评分制。参加英语社团的目的是让大家在一种较为轻松的环境就能学习到自己平时不知道的或者被忽略的一些知识，充分培养自己的表达能力和胆量。要求社团每周安排活动，活动的内容可以是每次设定一个固定主题或者大家自主，要求会员们轮流上台演讲，与大家分享自己的信息。并请老师作为评委对演讲的同学进行打分，并指出其中优缺点，对优胜者可以给予适当的奖励。

在社团活动中也可以组织同学们先观看原声电影，选取优质电影题材如《乱世佳人》《费城故事》《老友记》《当幸福来敲门》等，并鼓励同学们给出观后感或者赏析，让大家能充分感悟电影所传递出来的丰富信息，这样既了解了国外的语言、生活、文化、习惯等，又陶冶情操，同时提升了同学的业务交流能力，提高他们的心理素质，提升个人的综合素质。

（三）加大实训环节

建构主义者认为周围环境对学习者学习具有重要的影响作用，因此，提倡情景教学。所谓的情景教学，就是教师根据教学需要，设定教学目标，引导学生将所学到的知识和技能应用于真实或者模的职业场景，学生通过真实或仿真体验，更加理解教材，掌握要求的知识和技能，达到教学目标的要求。

结合就业需要和学生需求，职业英语的教学情景要求必须体现职业要求和特点，教学中打破原有的、传统的“粉笔+黑板”或者结合多媒体演示纯粹教室课堂教学内容的模式，将语言技能的掌握和学生未来就业岗位结合起来，增加语言实训环节，让学生全方位感受职业英语的应用环境，学习在特定的职场环境下与不同的交流对象进行恰当而得体的话语交流，体会语言交流的关键所在，从而掌握职场英语言交流技能。当然，职业英语实训环节的完成需要真实的语言使用环境。

现在，许多高职院校都在积极建设仿真或模拟工作环境——专业实训室，固然可以为学生实训创造较真实的环境，但是，学生要真正提高英语应用能力，恐怕只有进入真正的职场才能实现。因为，在模拟环境中进行教学实践，缺乏一定的灵活性和创新性，毕竟，所有的实践内容和预期结果都是预先设定好的，学生的实践思路会被固化，按部就班，而在实际工作环境中，很多遇到的问题和预期的应用要求都具有不确定因素，因而，可以有效锻炼学生在实际案例中解决问题的能力，只有学生亲身体验过，才会深刻感受学好英语的重要性，明确自己在英语学习中的不足之处，有利于激发他们努力学好英语的潜能和积极性。

因此，怎样有序而且高效的组织学生到真正的职场，如到工厂、企业或公司进行英语教学实践，将成为高职院校管理部门和英语教师需要面对的一大难题。为此，需要为学校、行业企业、英语教师以及高职学生之间要搭建起一个互利共赢的支撑平台，推进英语实训课建设，真正体现高职英语的职业性和实践性特色。

（四）借助技能大赛和职业证书改进教学内容

“普通教育有高考，职业教育有技能大赛”的教育理念已在社会和职教行业形成共识。近些年，各类技能大赛在高职院校颇受院方及学生的青睐，英语类主要有口语及写作技能大赛等。大赛旨在提高高职学生英语应用能力，这与高职英语课程的教学目的和要求相契合，能起到指导高职英语教学改革和发展的作用。因此，教师在教学中要有意识地将英语技能大赛的技能目标要求渗透或融入教学计划和教学内容当中，因为，竞赛主题均与现阶段所学专业相关，如景点介绍、日程安排、市场行情变化等，十分贴近，近乎实践模拟。

另外，为了进一步提高学生就业竞争力，教师也可以鼓励学生积极获取一些与英语相关的职业资格证书，如TOEIC（托业桥）、TOPE（托普）、BEC（剑桥商务英语证书），并在教学中，借鉴这几种职业资格证书的考察内容，从中汲取一些有效资料与经验，合理地运用到实际教学中，使得教学更加符合时代要求，同时，使学生学习内容更加有效与充实。

第三节　变革高职英语教学方法

一、积极推动高职英语教学方法的创新

国内常用的教学方法有讲授法、谈话法、讨论法、演示法、陶冶法等，要培养高职学生的职业素质就必须采用创新的教学方法。

（一）以职业能力为目标来创新教学手段

在当前高职英语教学中，应以培养学生的听、说、读、写、译能力为基本目标，不断创新英语教学手段，以更好地培养学生的英语职业能力。例如，高职英语教学中，学生的英语基础往往参差不齐，如果采用大班统一授课的方式开展英语教学，往往无法兼顾英语基础较好或较差的学生，导致好学生“吃不饱”，差学生“吃不消”。因此，应根据学生的学习情况开展英语教学改革，以更好地提高英语课程教学质量。

此外，在英语教学过程中，可以采用项目教学法、情境教学法、小组合作法等教学方法，为学生创造更多听、说、读、写等训练机会，以更好地培养学生的职业能力；还应坚持以“理论够用、技能实用”为基本原则，按照岗位要求精选英语知识和理论，强化英语听、说、读、写、译能力的培养力度，在高职英语教学中，可以针对生活话题、问题情境等开展情景教学，让学生就某个热点话题展开广泛讨论，或用英文进行辩论比赛，以更好地锻炼学生的英语表达能力。

可以开辟第二英语课堂，通过英语角、报告会、舞台剧、英语口语大赛、英语演讲比赛等开展英语教学活动，通过形式多样的英语实践活动培养学生的英语兴趣，提升学生的英语职业能力。

同时应充分利用外贸模拟实训室、翻译实训室等开展实习实训活动，培养学生的英语应用能力，提高学生的就业竞争力，可以加强英语实践教

学，通过校内实训、企业实习、社会实践等方式，培养学生的实践能力与职业能力。

（二）基于不同内容和任务确定教学方法

根据不同的教学内容和教学任务，明确恰当的高职英语教学方法，并推动教学方法不断优化和发展。

第一，以语言传递信息为主的谈话法+讨论法+表演法。在涉外职场英语的对话教学中，教师以引导者的身份与学生们交流，循序渐进地将教学内容渗透，并且与学生讨论不同情景的不同表达。学生与老师都必须提前做好充分准备，准备与话题相关的词条或表达或以多媒体的呈现方式展示。然后将不同词条分配给各小组，充分讨论后学生完成本组作品并展示。教师随时记录语言活动中的优缺点，表演完成后与学生共同点评。

第二，以直接感知为主的演示法+表演法。在能找到相关媒体资源的前提下利用多媒体手段向学生先演示教学内容，让学生直接感知教学内容，如播放听力材料、语音模仿、职场英语对话影像、英语歌曲、教学视频等。演示法可以反复进行，既创造了真实的语言环境又加深对教学内容的印象。通过观看学生进行实践练习，增强了学生的自信心，有时还可从媒体资源中找到灵感，激发学生的创造力。

第三，以欣赏活动为主的陶冶法。根据教学内容，寻找适当的媒体资源，在教学过程中穿插播放，如英语歌曲、英文电影片段、视频片段、采访录或纪录片等，直观、生动、形象，既活跃了课堂气氛又开阔了视野，对提升学生的全面素养提供不可替代的帮助。

第四，以强调使用性为主的情景模拟法。英语言具有使用性很强的特点，目前许多高职院校都在积极建设校内模拟实训室，多数只能在学校给学生提供语言使用环境。这就要求教师在教学中为了让学生身临其境地感受英语学习的用途，根据教学内容和背景材料设计不同场景和情节，学生则根据设定情景在仿真环境中扮演不同角色，从而激发学生的学习热情和情绪，引导学生从整体上对所学知识加以理解和运用，有利于促进学生知识、技能和职业素质的协调发展。

尤其对学生英语听说交际能力要求较高的专业，如旅游、酒店管理、营销等，教师均可以根据教学需要设置较为真实的典型工作场景，采用情景模拟教学。通过情景模拟实践，学生的学习热情不但得到激发，而且实践能力也得到了相应的提高，也为将来所从事的工作打下坚实的基础。

二、实施以职业岗位任务引领的教学方法

教育部教职司［2015］6号文件要求普及推广项目教学、案例教学、工作过程导向教学、情境教学、更新运用探究式和参与式教学，从而激发学生的学习兴趣和积极性。同时要求有效开展实践性教学，基础课和专业课一样，实践性教学课时原则上要占总课时数一半以上。

因此，高职英语教学要打破传统的教学理念，明确学生是教育主体，是教学中心，要充分调动学生的学习动力。教学逐渐要从“教”法向“学”法转移，工学结合、强调职业岗位导向，融“教、学、做”为一体，面向社会经济职业岗位需求，以职业岗位任务为引领，做到职业教育特色的教学方法与交际教学等传统的语言教学方法相结合，注重实践训练，综合采用现场工作情境式的案例教学、项目教学、探究教学、讨论式教学等多种教学方法。将听、说、读、写、译等语言技能和与职业岗位相关的知识、技能、素质的学习与训练紧密结合，理论知识教学讲求够用原则，注重职业岗位能力的训练与培养，面向职业岗位需求全面提高学生的实际语言应用能力”。

另外，随着信息技术的迅猛发展，多媒体设备进入教室和宽带接入，一个高速度、大信息、资源高度共享的多媒体网络教学环境已经形成。多媒体网络环境下的语言教学已是改革教学方法、改进教学手段、提高教学质量的首选。多媒体网络环境具有大数据、大信息、图文并茂等特点，能够提供海量语言素材和行业信息，且真实、实时和快速。高职英语教学要充分发挥信息技术优势，优化教学过程，构建数字化教学资源，借助运用多媒体、网络创设仿真职业岗位教学情景，在教学中增加课堂吸引力，激发学生学习兴趣与情绪。课堂氛围轻松愉快，同时课堂容量大，学生不仅能获得丰富的基础英语和行业英语知识，还能提高职业岗位英语语用能力，从而实现课程学习的职业性、实践性和开放性。

第四节　转变高职英语教学评价

一、运用能力本位理论改革高职英语考核方式

教学评估是检验教学效果的重要手段，是高职英语教学必不可少的环节。科学合理的考核必须能够全面地反映专业培养目标，帮助教师及时调整教学活动，帮助学生认清方向。然而，调查研究表明，目前高职英语教学考核最主要的手段还是侧重对课本语法知识、词汇句子的单一性考核。这种考核方式虽然有利于学生掌握基本的知识，但是该方法只会导致学生一味地死学英语，死背知识点，完全不能将英语活学活用，因此传统的考核方式不符合高职英语教学发展的方向，必须改革我国现有的高职英语考核方式和手段。因此，为了促进高职英语教学改革，完善英语考核方式，应从以下方面着手。

（一）确定明确的评价标准

为了使教学评价发挥其应有的作用，实施者首先要制定恰当的评价标准。评价标准是在实施评价过程中进行价值判断的准则，也是教学评价准确合理进行的出发点和依据。不同阶段、不同学校有着不同的评价标准，因此，高职院校的英语教学评价也应首先根据自身专业的特点以及教学目标来确定教学评价标准。

高职院校是以就业为导向，培养技能型人才的教育，因此，高职英语教学评价就应当着重考核学生的英语运用能力。高职高专英语的教学目标要求学生会进行简单的会话，看懂专业文献。在具体教学评价实施中，主要从学生的知识与技能、词汇与翻译能力、口语学听力能力等方面对学生进行全面的评价。

因此，现代的高职英语教学目标的评价标准是以促进学生应用能力为主题的，不仅要关注学生的基本知识掌握，而且要多关注学生听说能力的提升，了解学生学习的需求，帮助学生取得全面发展。

（二）完善评价类型

根据教学评价在教学活动中的不同作用，教学评价可以分为诊断性评价、形成性评价和终结性评价。在高职英语教学评价中，可以将三种形式相结合，完善评价类型，帮助教师及时了解存在的优势和劣势，及时调整教学方向。

英语教师可以事先查阅学生入学之前的有关成绩记录，了解每一位学生的入学英语水平以及班级整体水平，做到心中有数，以便合理地设定教学目标和制定教学内容。值得一提的是，教师应该用发展的眼光去看待学生的入学成绩，尽量避免第一印象的影响，要清楚学生的入学成绩只是起点而非终点。在英语教学的过程中，根据学生学习进展情况，可以以内容的一个单元为评价点，编制形成升阶测试试卷，并及时对试卷结果进行反馈，分析形成报告，对于取得进步的学生一定要及时鼓励和表扬，对于未达到要求的学生要帮助学生分析原因、找出对策，提供有效的解决措施。在教学和学习课时完成后，对学生进行总结性评价。

二、建立以职业能力为目标的评价体系

在高等职业教育系统里，不仅需要在教学过程中坚持以职业能力为导向，而且在评估机制里也需要坚持职业能力的方针。

要构建一个高效的高职英语评估机制，第一就是要明确评估的制度，该制度必须是根据高等职业教育中公共英语课程的教学目标制定的。目前我国大部分高等职业教育院校都未建立自己的英语教学评估机制，而是简单地把国家教育系统制定的英语应用能力 AB 等级测试作为本校的英语教学评估，该测试机制的结果好坏就是本校英语教学质量的高低，这种做法虽然有一定可取性，但是片面性很强，并不能全面地反映教学问题。所以，高等职业院校应该根据自己的实际需要，建立一套能够系统反映学生的英语学习状况和教师的教学问题的评估机制。这种机制不单单只是为了测试学生的英语基础技能的学习，还能帮助学生加强英语的实际运用技能，提高自身的职业能力。

一般而言，高职英语课程教学的评估机制主要由多样式评估、职业化评估、借考证督促学生学习评估、持续性评估四个评估机制组成，这些评估机制既可独自运用，也能够相互配合着运用。下面将对此进行具体

介绍。

（一）建立多元化评价体系

评价旨在帮助学生不断体会英语学习过程中的进步与成功，建立学习的信心，并全面提升语言综合运用能力。因此，在课程、教学与评价之间形成一种健康、良性互动的关系就具有十分重要的意义。

建立多元评价体系可以丰富评价手段，充分调动教师与学生的能动性与积极性，将师生的潜能充分发挥出来，从而全面提升教学与学习质量。多元评价体系是一个范畴很广的概念，在具体的实践中可以从以下几个方面来展开。

1．实现主体多元化

就目前的情况来看，仍有很多人对教学评价存在这样一个错误观点，即评价只是教师的事，由教师来实施。但是，在提倡以学生为中心的时代背景下，学生也应该积极参与到教学评价中。此外，教育决策机构、专职的评价机构、学校管理人员、学生家长等也应参与到教学评价中来，从而使教学评价从单一的教师评价模式转变为多元化评价模式。

（1）学生自我评价

学生自我评价是教学评价中的一个重要方法，是学生主体地位的有效体现。通过自我评价，学生能够自我反省自己的学习情况，正视自己在学习中所遇到的问题以及自身需要提高的地方，从而逐步增强学习的信心。具体来说，学生的自我评价主要包括对学生的学习方法、学习态度、学习内容、学习结果和学习中的优缺点等进行的评价。需要说明的是，学生的自我评价离不开教师的有效指导。教师应根据评价的目标制订自我评价表，从而有效地指导并引导学生进行自我评价。

（2）学生相互评价

学生相互评价一方面依赖于同学之间在长期的学习与磨合中形成的互相真诚与彼此信任，另一方面又需要学生具备一定的沟通技能和合作技能。因此，学生相互评价在实施的过程中离不开教师的有效引导与调节。但这并不是说学生相互评价必然需要复杂的程序，简单的活动同样可以实现同伴评价。例如，教师可以安排学生以小组的形式参与学习任务，并在活动结束后要求学生对自己和他人的贡献进行评价。当然，这种评价必须遵循一定的规则，如要求学生排除主观偏见的影响，以事实为依据来发表观点、进行学生相互评价的具体开展方式可由教师根据情况而定。

（3）教师评价

学生的自我评价和相互评价都必须与教师的评价结合起来。教师评价主要涉及学生的课堂笔记记录情况、在课堂上的参与程度、作业完成情况以及单元测验成绩等。此外，教师需要做到以下几点。

①教师同学生一起探讨学习的目的，定期检查学生自评与互评的情况，评价学生的进步，向学生提供反馈意见，帮助学生确立新的学习目标。

②教师向学生示范学习与评价的方法，管理学生学习，帮助学生进行自我评价。

③在学生制订和应用评价标准的过程中，教师要给予一定的指导，帮助学生对教学过程进行反思。

教师评价应当包括评价学生的优点和缺点两个方面，通常以评语的形式来体现。为方便学生获得有效的诊断性信息，评语可附在学生的作业本中。

（4）师生合作评价

由于教学中的很多活动都需要教师和学生共同参与，因此，师生合作评价也是一种重要的评价方法与手段。

师生合作评价可以为师生提供许多有价值的信息，对教学有着重要的意义。对教师来说，教师可获得学生的反馈，进而逐步改进教学，提高教学效率。对学生来说，学生可从中得到个人反馈信息，进而发现自己的不足，明确努力的方向。

（5）师生与家长合作评价

家长的有效配合有利于学习效率的提升。如果家长也参与到教学评价过程中，可使每位参与者的角色、地位发生一定的变化，从而更好地促进评价的实施。具体来说，在师生与家长的合作评价过程中，教师由评价的权威变成评价的组织者和参与者，学生由被动受试变成评价的主动参与者，家长则由评价的旁观者变成评价的促进者。这不仅可以丰富评价主体，还可以促进评价结果更加科学、全面。

2. 实现标准多元化

在过去很长一段时间内，由于受到传统教学观念的影响，我国的高职英语教学往往采取统一的标准来进行评价，而没有考虑到地区差异。此外，地区教育行政部门也采取统一的标准要求不同的学校，而学校在这种情况下也必然用统一的标准来要求不同的学生，其直接结果就是学生的个性差异被抹杀。

英语教学评价标准的科学性在很大程度上决定着整个评价结果的精确度。近年来，社会对学生个性化发展的呼声日益强烈，因此，为适应时代的要求，课程评价标准必然要趋向多元化，具体可从微观与宏观两个层面展开。

①在微观层面可以根据每个学生的具体情况，确立不同的评价标准。这些措施对于评价标准多元化的实施大有裨益。

②在宏观层面应该根据各地经济、教育发展水平制定不同的评价标准；各个地方学校应该根据自己的办学条件、培养目标等来制定和实施具体的评价标准。

（二）完善职业化评价机制

高等职业教育的英语教学主要是为了将来的职场应用，如果教师能够开展相应的岗位任务模拟现场，以此来测试学生的英语运用技能，设置专业性强的英语交流任务，根据同学的表现情况给予相应的分数。该机制在促进提升职业技能的同时，还能考察同学在模拟现场交流沟通时的综合表现和应对能力，

有爱岗敬业、集体协作思想、职业素质、交际技能、创新思维等，一方面体现出了学生的英语功底的水平和短语、词组的灵活运用，另一方面能够体现出学生交流内容的充实度与模拟情景融合度。

另外，这个评估过程，不仅仅局限于教师们的参与，学生也可以加入进来，对不同同学的表现给予自己的观点和点评。被评估者也可以从不同同学的表现里汲取营养，完善自己的综合表现，通过对比的过程不断反思和提高。

所以，职业化评估机制展现了建构主义的价值观，该评估机制的主要特色是：满足我国最高教育机构颁布的《高职高专英语课程教学综合规定》里提高形成性测试和总结性测试共同组成的评估机制的标准，同时可以顾及英语基础应用技能和职业技能的提高。

（三）实施以证促学的评价方式

高等职业教育的改革要求高职英语教学注重以适应职业实践需求为指导方向、以足够使用为限度，教育方针体现出公共英语课的最终目的是为专业课程的学习、受教育者的未来就业提供辅助作用。

至今，在大部分的高等职业教育机构里，英语水平测试，也就是 A/B 等级证书考试，依旧是普遍选择的一种评估方式。那些初级层次的同学，在学校的分班教学制度下，可以依据同学所主修的专业的不同特性，选择参加 A 等级考试还是 B 等级考试，之后，学校将测试的结果作为对学生英语知识学习的评价标准。如果是职业英语层次，也就是对专业英语水平需求难度大的专业，允许依据不同需求制定不同的职业等级证书。诸如国际贸易专业，对英语的作文水平和交流技能都是高标准，就能够开设剑桥商务英语（简称 BEC）职业等级证书制度；国际观光行业、驻外助理还有国际宾馆等行业都是需要英语口语能力强的职员，而且通常是社交英语，对此，我们可以考虑开设剑桥通用英语等级职业证书（简称 KET）制度。修订教育的方针政策，同时规范职业等级证书的制度，以此来对同学的英语水平进行评估，最终做到借助考证督促学生学习的目的，为学生的将来就业增加有利条件，提升学生对英语的热爱和积极性。

（四）健全动态评价体系

在过去的很长一段时间内，我国的高职英语教学评价体系以心理计量学为理论基础。由于这种评价体系所提供的是关于学生在单一时间点上的测验表现或成就的相应信息，故而被称为“静态评价”，静态评价以评价者为中心，着重评价学习的结果，描述个体已形成的能力，因此很难将课堂教学评价应有的诊断、导向、激励等功能充分发挥出来。这既影响了教育目标的实施，又严重阻碍了学生的个性发展以及综合素质的培养，难以满足当今社会发展对英语人才的需求。

动态评价（Dynamic Assessment，简称为 DA）是最近 20 年在西方兴起的一种新的评价理论，是与静态评价相对的概念。具体来说，动态评价从动态历时的角度出发来评价个体的认知与元认知过程，并运用交互方法对个体的潜能进行评价。

在这一过程中，学习者既可以与教师共同进行课程的设计、实施和评价，还可以直接介入自己的学习过程。此外，学习者还能够以协作的方式参与课程学习和作业设计，而课程的设计也充分考虑学习者对可输入信息的能动选择（如开放式课程设计）。因此，动态评价不仅可以用来对个体学习者的潜能进行评价，还有利于促进个体认知能力的改变，从而使评价由传统静态评价的“结果导向”逐渐向“过程导向”转变。

动态评价的理论基础源于维果茨基（Vygotsky）的社会文化理论（Socio Cultural Theory，简称 SCT）。根据社会文化理论的观点，人的心理机能不仅是社会学习的结果，也是文化和社会关系内化的结果。换句话说，社会文化因素对于人类的认知发展过程发挥着不可替代的核心作用。因此，个体对基于当前水平的外界支持或外部介入的反应揭示了尚未全面开发的认知功能。此时，如果进行恰到好处的介入，就可以使个体超越其单独行动时的水平，进而促进个体的更快发展。

在维果茨基的社会文化理论的基础上，动态评价理论认为，教育旨在发现学习者在学习过程中所出现的问题背后的原因，从而引导他们树立新的发展目标，而不是为了指明学习者的学习是否有问题。鉴于此，动态评价的功能并不仅仅是提高学习者完成某一特定任务的能力，还应引导学习者不断超越当前的能力水平，使他们的学习逐渐进入更理想的状态，即帮助他们走向“卓越”。

动态评价除发挥传统的终结性评价的教学检测功能之外，其本身也是一种反思性教学手段。在珀纳（Poehner）看来，动态评价中的“评价”与教育学、心理学中的概念存在本质的差别。具体来说，在教育学、心理学中，“评价”通过对个体进行观察和记录来推断学生的潜在能力，而动态意义的评价则是为了将学生的潜能和主观能动性激发出来，从而引领学生学习能力的不断发展。

需要注意的是，动态评价的开展周期往往受到学习者发展状况的影响。随着时间的推移，学习者在参加任务时会面临更高的难度，外界的介入也越来越少。因此，随着学习者水平的提高，动态评价应及时调整其介入支持方式，并不断增加任务的难度。

动态评价体系以促进学生的全面发展以及能力的培养为出发点，可以最大限度地发挥评价对于教学活动的导向、反馈、诊断、激励等功能，具体体现在以下三个方面。

第一，提高教学质量。动态评价体系可以对课堂教学过程进行全面反馈，帮助教师从教学内容、教学实践、教学语言等方面了解教学活动的运作情况，并了解自己在教学中的表现以及教与学之间的差距。这就有利于教师及时调整进度，缩小差距，从而将高职英语教学质量提升到一个新的高度。

第二，降低学生的外语学习焦虑，激发学习动机。很多英语学习者都曾对英语学习产生过焦虑情绪。可以说，外语焦虑感是语言学习中的一大障碍，也是对语言学习质量产生影响的重要因素。因此，如何采取合理的评价措施来最大限度地降低学生的焦虑就成为一个亟待解决的问题。

动态评价体系从评价学生的“过去”和“现在”，转向评价学生的“将来”和“发展”。换句话说，动态评价体系对学生在发展过程中存在的个性差异和不同发展水平予以足够重视，这就使学生成为课堂教学的积极参与者和决策者。这一方面可以充分发挥学生的自主性，提高他们的自信心，使他们认识到自己的优势；另一方面又可降低学生的外语焦虑感，将学生的学习动机激发出来。

第三，培养学生的学习自主性和自主学习能力。动态评价体系关注学生的情感因素，侧重学生学习的历史发展过程，从而可以对学生的学习状况进行更加全面地反映。这有利于学生对自己的学习进程进行有效的检查和调控，并积极主动地对学习过程进行反思，培养和提高了学生的自我学习管理能力。

三、建构以职业能力为目标的课程评价模式

《高等教育英语课程教学大纲》指出：在英语课程评价模式建设中，应以评价学生英语应用能力、用英语处理与职业相关业务的能力为目标。但是许多高职院校并未建立科学、合理的英语教学评价体系，只是简单地将英语四六级考试、英语能力 AB 级考试等作为教学评价指标，并未采用针对性的形成性考核方式，无法客观评价学生的课堂表现、英语应用能力等。因此，应以职业能力培养为目标构建形成性考核评价模式，建立考试与考察、开卷与闭卷、场内与场外、知识与技能相结合的英语考试评价模式，以课堂讨论、小组合作、交流互动等方式考核学生的英语能力，以中英文翻译、英美文学赏析、日常情境对话等方式考察学生的英语文化素养、英语应用能力等，从而形成多层次、多元化的英语职业能力评价模式。

第五节　调适高职英语教师角色

一、明确高职英语教师的角色定位

职业能力是职员们身处某一职位时所必备的综合素质技能。为达到使学生的职业能力得到提高的目标，教师们自身需要在教学过程中扮演多种角色。为了更好地适应与调整自己的角色定位，高职英语教师必须先对自身扮演的角色有一个更加明确的认知。

（一）高职英语教师是资源的筛选者和引导者

大数据时代网络资源丰富，只有你想不到的，没有你找不到的资源。面对如此巨大的资源库，将什么样的资源呈现给高职学生、什么样的资源适合高职学生的英语学习需求、什么样的资源有益于高职学生的自主学习、什么样的资源能够促进高职学生英语能力提升，这些都是高职英语教师应该思考的问题。因此，在资源的选择上，高职英语教师就应成为学习资源的筛选者，对英语学习资源进行有效分析，然后删除不需要的、没有学习价值的资源，保留有益于高职学生英语学习的资源，供学生进行学习、探究。也可将此过程理解为是高职英语教师对学生英语学习资源的把关过程。

同时，高职英语教师也应成为引导者，引导学生正确地使用资源、准确地选取资源。大多数的高职学生对于收集资料、选取资料、运用资料的方法都欠缺，这与之前的教育方式与学习形式有一定关联。

进入高职院校，高职英语教师就应对学生进行这几方面能力的训练，引导高职学生提高这几方面能力，从而为以后的高职英语学习打下基础，为今后的自主性学习埋下伏笔，为未来的终身学习奠定基础。

首先，高职英语教师应训练学生如何收集资料。高职英语教师可以为学生出题，让学生在网络上自由寻找资源，然后让学生将自己收集起来的资源与同学们进行分享，并说明查找的方法与途径，其他同学则可与之进行探讨。这是一种集思广益的引导方式，通过这种方式既能使学生发现自己收集资料时的某些问题，又能学习到其他同学的有效方法，可以说是一举多得。

其次，高职英语教师应该教会学生如何选取资料。选取资料的过程是一种自我学习、自我认知的过程，也是一种自己的思想与资料融合的过程，因此，在这个过程中，学生应在自己的认知基础上进行有效选取。同一个主题，每个学生选取的资料不同是正常的，也是符合逻辑的。学生在选取资料时，应选取对自己有用的、能够对后续学习起到帮助的资料，对于某些冗长、繁杂、不助于自己理解或认知的资料，就可以舍弃。

再次，高职英语教师应教会学生运用资料的方法或技巧。资料的收集、选取固然重要，但资料的运用才是重中之重，所以引导学生正确使用资料、合理运用资料应是高职英语教师的一项重要的任务。高职英语教师可以通过举例说明的方式为学生展示如何使用手中的资料，然后再具体分析资料在英语学习每个环节的作用，最后为学生总结正确、合理使用资料的方法与技巧，并为学生答疑，从而使学生能够正确地利用资源。

（二）高职英语教师是课程内容分析者和重构者

高等职业教育的公共英语课是学生必修的基础科目，旨在为学生奠定好英语基础技能，为将来的专业英语学习起衔接过渡的作用，提升学生们对英语的职业运用能力，尤其是与专业相关的岗位事物的交流沟通技能。所以教师们首先要掌握学生的英语现状，进行有针对性的教学，与专业知识紧密结合，运用英语开展专业化探讨，这种形式的英语教学可以加强不同科目之间的互通，为专业英语的学习做好基础工作，让专业英语学习更轻松、更高效。

（三）高职英语教师是鉴定评价者

在传统教学模式下，学生鉴定与教学评价是教师的一个重要职能。在数字化环境下，这一职能得到沿袭，但是，评价涉及的层面、手段与指标与以往有所不同。以前，教师对学生进行评价的主要方式为成绩单与书面评语，前者为量化指标，后者为定性评价，两者都是倾向于结果的总结性评价。而网络与多媒体教学模式下，英语课程教学评价除了应有反映学生结果的总结性评价之外，更要有注重反映学生自主性学习过程的形成性评价。

形成性评价侧重于对学习过程的关注，旨在通过改进学习过程来改善学习结果，其除了评价知识技能等可以量化的方面外，更着重于评价兴趣、态度、策略、合作精神、创新精神等不易量化的品质。从而，在数字化环境下，教师作为鉴定评价者，既重视量化指标、总结性评价为基础，更重视泛化评价、形成性评价。

（四）高职英语教师是综合职业能力的促进者

公共英语课程的开设并不只是传授学生相关的知识内容，更重要的是培养学生将来就业所需的综合职业技能，在英语教学过程中锻炼学生的多方面能力，支持学生们进行长远发展，树立终身学习的理念。因此，如今的高等职业教育的英语教师们要改变传统的管理者、监督者、教条制定者的身份，成为学生学习英语的引领人、创新思维的启发人、富有正能量的协作伙伴、趣味教学的带头人，真正做到把学生作为课堂的主人。例如，开展一次“我来做教师”的活动，促进学生的口语表述能力和语言组织能力；开展小组讨论式的学习，培养学生们的集体意识、互动技能；开展计算机网络学习，分享更广泛的学习信息，提升学生的综合职业技能。

（五）高职英语教师是合作交流者

传统教学理念与模式重知识权威，教师往往作为知识权威的代表，在课堂上向学生灌输各种知识。而数字化环境下，网络多媒体技术的多方位应用使得教学过程更要注重师生互动性。单一的“讲堂”形式已完全不能适应形式的发展需要。教师应走下讲坛，从知识传递权威变身为合作交流者，成为学生的朋友，充当学生的学习伙伴。讲授式教学应让位于交互式学习，灌输式教学也让位于分享式学习。高职英语教学不再是按部就班式地执行教学计划、完成教学任务、实现教学目标，师生互动，共同研究教学、开发课程、分享信息与资料、交流体验与情感，才是适合数字化环境下高职英语教学的方式。

（六）高职英语教师是终身学习者

信息化社会，知识更新极为迅速。为了适应社会发展，一个人必须坚持学习，终身学习。高职英语教师也应成为一名学习者，而且是终身学习者。一方面，高职英语教师应不断学习先进的语言、教学理论与现代化教育技术，以保持自身的与时俱进另一方面，应不断学习英语专业知识与英语应用能力，提高自身语言综合素质。唯有如此，高职英语教师方能但当好上述五个角色。

二、推动高职英语教师角色转换的措施

每个教师都在不同层次、不同侧面的学校社会生活中扮演不同的社会角色。教师既是知识的传授者，又是品行的榜样，既是团队的领导者，又是学生的心理治疗师。作为一名新型的英语教师，首先是知识传授者和解决问题的能力培养者。要有扎实的英语知识和较深的造诣。其次，职业院校的教师应该热爱教育事业和自己的本职工作，对英语学科充满热情，善于运用心理学和教育学，使学生为自己的热情所感染，从而激励自己自觉地学习。再次，职业教育最终目的是培养掌握某种职业技术和具有职业技能的人，所以英语教师除了掌握英语专业知识外，还应该学习和自己所教专业的英语知识，尤其是专业术语以及专业文献，设计一定的教学活动帮助学生提高阅读专业文献的翻译和阅读能力。

此外，英语教师还应该做好“人际交往艺术家”的角色，在处理师生关系时，教师应有意识地调节和控制自身的态度和行为，热爱自己的学生，坦诚相见，热情关怀。由于高考失利、社会运转节奏快和学业负担重等，职业学校学生的心理压力越来越大。因此，英语教师扮演心理顾问或心理治疗者的角色是理所应当的。英语教师可以通过在课堂上扩充一些英语励志美文或者是轻松愉快的故事，以及跨文化交际知识，帮助学生树立自强不息的信念，帮助他们客服自己的心理障碍，扩大他们的眼界及心胸，增强他们的自信心。

教师应转变在课堂上绝对权威者的角色，强调让学生多多参与课堂设计与活动，把自己变成一个不出面的领导者。这样可以加强集体合作、增强积极动机和减少对教师的依赖性。

（一）提高教师素质，加强师资专业化

教师专业化是指教师以合理的知识结构为基础，具有专门的教育教学实践能力，并有效地、创造性地解决教育教学领域中的问题。作为一名职业院校的英语教师，除了具备深厚的英语基础知识和完备的跨文化交际理论和语言学理论外，还需具备完善的知识结构。教师在提高职业能力的同时，还应该用发展的眼光去认识自身知识和能力的局限性，在工作和生活中不断提高自身的综合素质，做专业化的教师。同时，高职院校应根据目

前院校师资力量薄弱、教师队伍不稳定等缺点，通过一些有效地奖励机制，如薪水福利、出国深造、定期到国内外知名院校进行培训和教育等，切实提高英语教师的教学热情，提高教学质量和自身职业素养，不断改革创新，为高职英语教学改革奠定坚实的人才基础。

此外，学校还要通过各种方式加强师资建设。通过资金扶持、政策奖励等，积极鼓励在职老师进一步研修，不断完善他们的教学理念、开阔视野、与时俱进；另外，有计划地引进和培养新的青年英语教师，可以为我们的高职英语专业教师队伍注入新的活力、带来新的教学方法和理念。高职院校要加大教学和科研投入，提高硬件设施，为学生提供良好的、先进的语言学习环境，提高教学质量和课堂效率。同时，要定期组织教师召开研讨会、经验交流会，不断学习和创新教学理念和方法、提高教育水平、教学技能和基本素质。

作为一名职业院校的英语教师，除了具备深厚的英语基础知识和完备的跨文化交际理论和语言学理论外，还需具备完善的知识结构。随着社会知识不断更新和国际交往的迅速发展，英语教师必须首先学会获得和筛选信息，学习新的科技、语言、哲学等，以新概念、新知识来补充头脑，充实教学储备；特别要留意学习与学生专业和职业相关的知识和信息。英语教师的文化结构应当是开放的，对一切有价值的文化、有用的新知识能加以利用。传统的教学模式已不适应目前的教育发展的需要，能熟练运用多媒体手段和网络教学，已成为现代教师的标志，高职院校的英语教师应具备扎实的计算机操作基础和课件制作技术，并亲自选材、操作，使学生在可听、可看、可说的环境中学习语言，极大地提高学生的学习兴趣。

教学能力是外语教师出色完成教学工作的关键所在，它包括较强的教材分析能力、组织能力和表达能力。英语教师必须运用英语组织课堂教学，用简练的体态语言和丰富的表情动作配合语言表达，培养学生的听力、语感和英语思维交流习惯。教师要利用有限的课堂教学，组织丰富多彩、形式多样的课堂活动，充分激发学生的学习兴趣，同时创设一种民主和谐的师生关系。

教师在提高自身素质的同时，也应用发展的眼光认识自身知识和能力的局限性，在工作和生活中不断提高自身的专业知识素养，做专业化的教师。教师专业化是指教师以合理的知识结构为基础，具有专门的教育教学实践能力，并有效地、创造性地解决教育教学领域中的问题。教师的专业成长过程就是教师素质的提高过程，因此教师的专业化更加注重教师在现实的教育教学情景中教学行为内涵和品质上的表现。教师个体内在的专业性的加强也更需要教师主体的自我认识，自我更新。教师在拥有正确的教学观念、懂得教育技术的前提下，要主动走下神圣的讲坛，与学生平等对话，建立以学生为中心、师生互动的外语课堂，这就需要职业院校的英语教师要有较强的改革意识和勇于创新的勇气。

（二）更新教师的教学理念和专业知识

高职英语教学大纲中明确表示，要重视培养学生口语交流和应用的能力。在教学过程中既要传授必要的语言知识，也要引导学生应用所学的知识和技能进行广泛的实践活动。教与学，是语言教学活动中不可分割的两个方面。在传统的高职教学中，教师被置于主体地位，而学生只是客体。长期以来，我们都习惯于教师作为教学主体主动灌输、学生作为客体被动跟进的方式，教学的艺术往往局限于寓教于乐的层次。随着市场对职业人士的要求越来越高，传统的教学理念和方法不能跟上未来职业对英语学习的需求。作为高等职业院校的教师，一方面要跟上职业领域和教学专业中高速发展的新技术；另一方面，高等职业教育的培养目标是社会所需的技术型人才。其职业特点要求直接面向具体工作实用技能的教育，所学、所教应紧密联系实际，要实用、有用。

参考文献

[1] 姚志方. 高职英语任务型教学模式探析[M]. 武汉:武汉出版社,2011.

[2] 罗桂莲. 基于多模态话语的英语教学模式研究[M]. 南昌:江西科学技术出版社,2016.

[3] 田会轻. 当前大学英语教学模式反思[M]. 青岛:中国海洋大学出版社,2017.

[4] 童丽玲,戴日新,彭宣红. 任务型教学设计视角下高职英语教师专业发展研究与实践[M]. 西安:西安交通大学出版社,2017.

[5] 王亚非. 现代大学英语教学改革的多元视角探索[M]. 北京:九州出版社,2017.

[6] 张敏,王大平,杨桂秋. 英语教学改革与创新研究[M]. 北京:九州出版社,2018.

[7] 高美云,罗春晖. 基于职业能力培养视角的高职英语教学模式改革研究[M]. 长春:吉林人民出版社,2018.

[8] 金红卫,陈勇. 英语认知能力构建与高职实用英语教学改革[M]. 长春:吉林出版集团股份有限公司,2018.

[9] 王淑花,李海英,孙静波,等. 大学英语教学模式改革与发展研究[M]. 北京:知识产权出版社,2018.

[10] 张爱玲. 高职英语教学的反思及未来趋势研究[M]. 青岛:中国海洋大学出版社,2018.

[11] 汤海丽. 高校英语信息化教学改革与微课教学模式探究[M]. 北京:冶金工业出版社,2018.

[12] 于辉. 当代大学英语教学改革多元化趋势研究[M]. 长春:吉林大学出版社,2018.

[13] 钟丽霞,任泓璇. 翻转课堂模式下的大学英语教学改革及创新优化[M]. 长春:吉林大学出版社,2019.

[14] 杨海霞,田志雄,王慧. 现代高职英语教学研究与实践探索[M]. 长

春:吉林人民出版社,2019.

[15] 潘英慧.基于微课的大学英语教学模式分析与研究[M].长春:吉林科学技术出版社,2019.

[16] 张金焕.高校英语教学设计优化与模式改革研究[M].长春:吉林人民出版社,2020.

[17] 周保群.大学英语教学模式与课程建设研究[M].重庆:重庆大学出版社,2020.

[18] 严宏尧.关于"互联网+"时代高职英语混合式教学改革探索[J].海外英语,2019(24):251-252.

[19] 张颖青."互联网+"背景下高职英语教学改革的反思[J].佳木斯职业学院学报,2019(11):101-102.

[20] 于丽.高职英语"订单式"教学模式的改革与探索[J].智库时代,2019(46):190-191.

[21] 朱颖旭.职业能力指导下的高职英语教学改革创新探析[J].中外企业家,2020(10):158-159.

[22] 贾荣武.浅谈网络多媒体环境下高职英语教学模式改革[J].中国多媒体与网络教学学报(中旬刊),2020(2):10-11.

[23] 廖海燕.基于供给侧改革视角的高职英语教学模式[J].现代交际,2020(3):199-200.

[24] 王园园.高职英语线上线下混合式教学模式改革研究[J].福建茶叶,2020,42(4):379.

[25] 齐岩.基于学习动机培养的高职公共英语教学模式改革与探索[J].林区教学,2020(9):86-88.